¿Te atreves a emprender?

Tu negocio
SIEMPRE
a la moda

LAURA ERRE

DEDICATORIA

A los emprendedores, mi inspiración.
A mi equipo, mi apoyo.
A mi familia, mi motivación.
A los mentores, mi admiración.
A los aliados, mi fuerza.
A ti lector, mi compañía.

AGRADECIMIENTOS

Lucy Lara
Maga González
Lluvia Amezcua
Salvador Martínez
Victoria Santillán
Gary Salinas
Alfonso Bravo
Gabriel Márquez
Tania Ehrsan
Alicia Mares
Rodrigo Flores
Lizet Esquivel
Alona Starostenko
Alfredo Chávez

ÍNDICE

PRÓLOGO

Un soplo de vida para la moda

La moda inspira pasiones. No en vano esta industria ha adquirido una importancia insospechada en las últimas décadas. Desde luego que siempre hubo interés en vestir bien, se imitaba a aquellos que destacaban por su estilo o elegancia, e incluso prevaleció una suerte de dictadura, en la cual los diseñadores imponían tendencias opuestas, de una temporada a otra, para estimular la venta y la fidelidad de sus seguidores. Quedar fuera del círculo selecto de la moda era imposible para las personalidades cosmopolitas que querían lo mejor de cada rincón del mundo. Estar dentro de ella, por otro lado, suponía vanidad y despilfarro, a juicio de quienes preferían alimentar su intelecto y desdeñaban la superficialidad del que procuraba una buena imagen. Sin embargo, hoy las fronteras de esos polos opuestos se han desdibujado, de modo que el escritor que ha sido honrado con el Nobel no tiene empacho en llevar puesto un traje de Armani, una corbata de Hermès y su camisa favorita de Pink. Sucede que la moda es parte de nuestra vida a un grado que no sólo se ha posicionado como uno de los negocios más redituables en el planeta, sino también como la segunda causa que produce la mayor contaminación. Lo que eso indica es que, vanidad o no, todos nos vestimos a diario, pero además buscamos estar inmersos en la moda con contenidos de revistas, sitios, películas, series, libros, *influencers*, redes sociales y *bloggers* que nos deleitan con las siluetas, colores, texturas, estampados y propuestas disponibles de manera presencial y digital. Un clic es suficiente para disfrutar de la nueva colección de Dior, editar los *looks*, soñar con ellos y, si eres afortunado, hacerlos tuyos. ¿No tienes dinero? ¡Qué importa! Ya hay un negocio para servir a tus necesidades en cualquier nivel económico que estés: desde el *Fast Fashion* como Zara o H&M, hasta la ropa *vintage* o de segunda mano, pasando incluso por la piratería.

Cuando piensas en una serie de televisión como *Sex and the City*, por ejemplo, ¿recuerdas los tópicos sobre el sexo más que las propuestas de moda? Difícilmente... Porque si bien los personajes son memorables y algunos episodios siguen vigentes en cuanto a su contenido, gran parte de su éxito fue la ropa y la educación de moda que llevó a marcas como Jimmy Choo y diseñadores como Manolo Blahnik a estar si no en muchos más armarios, sí en la lista de deseos de todas las mujeres.

Las revistas femeninas, donde yo he entregado más de 25 años de mi vida profesional, no son inmunes a esta fascinación. De hecho, la moda se ha convertido en la columna vertebral de la mayor parte de esas publicaciones y su especialidad es hacer soñar a sus lectoras: transportarlas a un mundo ideal en donde ellas se ven como modelos y lucen el último grito de las tendencias en boga. No obstante, nada de lo que he mencionado se sostiene sólo en la creatividad, el buen gusto y la elegancia. En absoluto, detrás de cada gran marca hay una estructura de negocio que nutre esa fachada de glamour y la apuntala con flujo de caja, ventas, mercadotecnia y una buena dosis de relaciones públicas. El punto es que, para nosotros, los creativos, esa zona es jabonosa, no la dominamos, puede que nos aburra o nos haga sentir ineptos. Pero de nada serviría tener un manantial de buenas propuestas de moda si no hubiera quien las sepa convertir en dinero para reinvertir en el negocio, pagar salarios, expandirse y construir una marca triunfadora. Eso lo sabe de sobra Laura Espinosa, quien ha decidido ayudarnos a domesticar nuestro miedo al escribir *Tu negocio siempre a la moda*, que hoy tienes en tus manos y que, seguramente, se convertirá en tu biblia para tu proyecto de moda.

No importa cuál sea tu interés en la industria: si produces telas, botones, eventos; haces el vestuario de películas; monetizas a través de tus fotos en redes sociales; diseñas prendas; pones aparadores o fotografías ropa, todo esto que implica propuesta y creatividad también requiere orden, así como un concepto redondo que satisfaga las necesidades de nuestros actuales o futuros clientes. Espinosa te ha preparado una guía ágil y fácil de llevar a cabo, con los pasos adecuados para construir la estructura económica que inyectará poder a tu trabajo, permitiéndote no sólo vivir bien con sus ganancias, sino crecer y descubrir las enormes posibilidades de internacionalización y digitalización, que dejaron de ser el futuro para dominar el presente. Quien no se quiera reinventar, el que desprecie la tecnología o considere que su genialidad no se lleva con la administración, no sobrevivirá en los próximos años.

Espinosa muestra áreas de oportunidad en donde quizá no nos habíamos fijado o tal vez nos parecía que entrábamos a un terreno sinuoso. Ella ha diseñado un flujo en el que, capítulo tras capítulo, nos ayuda a conceptualizar nuestra idea, darle una identidad, conocer sus valores, captar sus debilidades, encontrar sus posibilidades y poner, por encima de todo, la experiencia fabulosa, la sensación de pertenencia y la satisfacción de las necesidades de nuestros consumidores. Estar al tanto de la competencia y aprender de ella es otro concepto que entrará en juego en la creación de la estrategia donde queremos posicionarnos como algo especial, de manera que quien nos conceda su confianza y nos obsequie su lealtad considere que trabajamos con el único fin de hacerle más placentera la vida.

Una vez que hemos logrado consolidar la marca como una fórmula ganadora, nos queda la tarea de comunicar este logro, difundir sus virtudes, despertar deseos y sumar fans. Me duele decir que la mayor parte de las marcas que vi nacer y morir en mis años como directora de revistas de moda no desaparecieron por falta de propuesta, pero sí por carencia de estructura, calidad, continuidad, identidad y flujo de efectivo. En más de una ocasión intentamos vestir a una celebridad con ropa de un diseñador nacional que se desbarataba en el set, el vestido era extrachico en la falda y extragrande en el pecho o, simplemente, nunca llegaba esa prenda a la sesión fotográfica por un olvido o falta de interés del creativo. Querías escribir un perfil sobre alguien en la moda y no te mandaba información o, si lo hacía, te llegaban tres renglones improvisados. Parecía como si nuestra labor fuera salir a conocerlos y forzarlos a aparecer en las páginas lustrosas de los mejores títulos del mundo porque ellos simplemente no tenían el tiempo ni el propósito de darse a conocer y a respetar. A esto también le pondrá remedio *Tu negocio siempre a la moda*, pues en él se abordan las relaciones con medios, embajadores, *influencers* y *bloggers*, para que puedas utilizar la infraestructura, la audiencia y la fama de todos ellos con el fin de consolidar tu posicionamiento.

Te invito a que lo leas con entusiasmo, atención y un cuaderno de trabajo junto a ti, de modo que realices cada ejercicio propuesto en el libro, pues al final descubrirás que has tenido una asesoría espectacular de alguien como Espinosa, quien no sólo se ha preparado ampliamente como profesionista en el tema, sino que predica con su ejemplo al ser una de las emprendedoras más activas de nuestro país.

Lucy Lara
Escritora Best Seller, periodista de moda y conferencista.
LucyLara.com

INTRODUCCIÓN

Estoy en mi cuarto, me gusta escribir en una mesa larga junto a la ventana. Detrás de mí están mis seis plantas y mi librero lleno de libros por leer. También hay libros que inspiran, especialmente los de interiorismo, fotografía y moda. Tengo algunos que retan a la mente, y algunos otros de teoría en temas de Marketing Digital, Retail y Negocios. Despejo mi mente con música tranquila y un delicioso café de olla. Alguna vez leí que el olor a café recién hecho ayuda a acelerar ese largo proceso de levantarte de la cama, así que adquirir la minicafetera ha sido una muy buena inversión. Me inspiran una serie de fotos enmarcadas de paisajes de parques y ciudades del mundo, que me recuerdan mi pasión por los viajes, por aprender nuevas culturas, nuevos idiomas, por conocer gente y puntos de vista.

Me han llegado a preguntar cuál sería mi ciudad ideal para vivir. En prepa, mi intercambio a Göttingen, Alemania, fue sumamente frío, interesante y enriquecedor. El invierno se vive con abrigo, botas y Glühwein, una bebida a base de vino tinto caliente. Durante el tradicional Weinachtsmarkt (mercado navideño) puedes encontrarte hermosas piezas de madera, cristal y galletas típicas. Los viajes a distintas ciudades llenas de historia y cultura, leer a aquellos autores alemanes, escuchar su música y vivir sus tradiciones fue una época inolvidable.

En cambio, mi intercambio a Londres durante mi vida universitaria fue muy fugaz, romántico y de mucho aprendizaje. El tiempo en Londres corre distinto: las horas, la gente, las oportunidades vuelan, y como llegan se van. ¿Alguna vez has intentado pararte, literalmente, en medio de la estación del tren Victoria? No hay tiempo ni espacio para alguien pasivo. Me tocó aplicar a tres trabajos, adaptarme al ritmo de mis profesores ingleses y mis compañeros alemanes, y convivir con gente de todo el mundo que –igual que yo– entendía el sacrificio temporal de la calidad de vida en Londres como una etapa con grandes recompensas. Pude viajar y disfrutar de los mejores paisajes con grandes amistades, y ver el romance desde un ángulo más espiritual.

Por último, mi vida en Barcelona. Después de mi carrera en negocios y mis años en la industria de tecnología, me decidí por moda y me fui a una de las capitales. Barcelona es cálida, artística y familiar. Tiene las bondades de una playa, la sangre latina y buena comida. Pero no es una ciudad tranquila, también tiene las ventajas de una gran ciudad, no duerme, está llena de gente creativa y creadora. Y si conoces a alguien y te llega a considerar amigo, ya tienes una familia. El ambiente es sano y gentil.

Cuando volví a Guadalajara, con ambas maestrías, tenía claro que quería unir moda, tecnología y negocios en un proyecto por México. Así es como empiezo a diseñar *Brila*, una tienda en línea de marcas de moda mexicanas. Iniciamos con más de 20 marcas nacionales de ropa, calzado, accesorios y artículos de decoración. Éramos un equipo de tres personas sin mucha idea del comercio electrónico. Al año del lanzamiento, ya con conocimiento y experiencia, pero sin más recursos económicos, tuvimos que cerrar la tienda en línea, y un mes después decido convocar a distintos miembros del sector moda a un primer evento de networking, con el principal objetivo de compartir experiencias, contactos y mejores prácticas.

14

Así nace la comunidad de moda Fashion Startup en diciembre de 2015, que este año cumple cinco años creciendo como una red a nivel internacional que impulsa talento a través de la primera incubadora de negocios de moda en México: *Fashion Startup Lab*, y busca seguir revolucionando la industria de la moda en México y Latinoamérica a través de espacios que propician la generación de alianzas estratégicas entre distintos miembros del sector.

Así que, si me dieran a elegir, volvería a vivir cada etapa de la misma manera. Quizá mi etapa en Guadalajara suena más prolongada, pero hasta no poder responder la pregunta, quisiera seguir explorando nuevas ciudades. Cuéntame más de tu ciudad, ¿cómo es?

A mí me encanta aprender cosas nuevas e idear cómo revolucionar la industria de la moda en México. Seguramente si estás por leer este libro, entenderás que no es ni va a ser cosa fácil, pero entre todos podemos decretarlo, hacer lo que desde nuestro perfil y ciudad nos corresponda, y dejar a las próximas generaciones un sector más sostenible, humanizado y próspero.

A través de estos capítulos me gustaría transmitir la experiencia de reinventar un negocio escalable, innovador y exitoso, que se mantenga SIEMPRE a la moda. Hoy más que nunca el sistema moda necesita innovación para superar la expectativa del cliente, un modelo de empresa funcional para lograr el posicionamiento de marcas de la mano de relaciones de valor, y una experiencia de 360°, es decir, TOTAL.

¿Y cómo convertirme en negocio? Te voy a hacer una serie de preguntas y vamos a ver tu puntaje:

¿Vendes?

¿Conoces quién es tu cliente?

¿Tu marca está registrada?

¿Tu cliente te recompra?

¿Tienes página web?

¿Sabes cuánto es tu ganancia mensual? (después de gastos e impuestos)

¿Manejas contratos firmados?
¿Conoces de cerca a tus competidores?
¿Identificas tu valor agregado?
¿Tu empresa es socialmente responsable?

Si tienes al menos un "no", este libro es para ti. Llevo más de 12 años en la industria de la moda, he leído decenas de libros, he asistido a talleres, maestrías, diplomados; he fracasado negocios, he aprendido de mentores, emprendedores y grandes empresarios. En conjunto con mi equipo de mentores y consejeros desarrollé una guía práctica para que nuevas marcas de moda tengan más oportunidades de crecer sin tantos tropiezos. Son siete módulos que resumen y proponen una nueva forma de iniciar un negocio de moda, y me gustaría compartirte la visión con la que están diseñados los temas, ejercicios y tareas, que por cierto son secuenciales. Es importante para mí que vayas de mi mano poniendo en práctica los ejercicios conforme lees estas líneas. Te platico que llevo más de un año armando este libro. Busco ahorrarte tiempo, dinero, y que el esfuerzo sea más disfrutable y con mayores resultados.

Me gustaría partir del cliente. Es importante considerar que tu musa (la persona o fuerza personificada que es la fuente de inspiración para el artista creativo) tiene muchas expectativas en ti y en tu marca, así que revisémoslas. ¿Estás listo?

Acuerdo

https://www.lauraerre.com/acuerdo

Si tu respuesta es sí, firma el siguiente:

ACUERDO

Yo, _____

decido desarrollar un negocio y me comprometo a concluir lo que hoy inicio. Será un proceso dinámico, inesperado, pero no estoy solo. Cometeré errores de los que aprenderé, y también aprenderé a confiar en la gente que me quiera apoyar, delegando con responsabilidad. Mantendré mi curiosidad activa y alerta a nuevas oportunidades en pro del crecimiento profesional y personal que estoy por vivir.

Agradezco a diario las pequeñas cosas que sí tengo, y cuido mis relaciones. No me rindo ante el miedo o los desafíos, pues entiendo que son parte del camino. Comprometo mis conocimientos, mis habilidades y mi actitud positiva al crear valor al mundo. Actúo con propósito y visión, maximizando mis recursos y esfuerzos. Entreno mi mente, cuerpo y alma que me mantienen con energía. Disfruto el camino porque conozco mi propósito y me apasiona, y por eso ya soy exitoso.

Hoy decido superar las expectativas, desarrollar mi propio negocio y mantenerlo SIEMPRE a la moda. Para lo cual hoy empiezo y firmo este acuerdo.

Atentamente:

_____

RECURSOS

Antes de empezar a leer el primer capítulo y detallar cómo es que funciona el sistema de la moda, me gustaría que me cuentes cómo imaginas el futuro de tu industria. Por futuro, vamos visualizando 20 años. Comparte en tu red social favorita una frase o una imagen futurista y etiquétame *@lauraerremx*. He hecho el ejercicio con personas de diversos sectores y distintas edades y no dejan de sorprenderme las ideas.

Regístrate en mi sitio www.lauraerre.com y encuentra algunos recursos de este libro. También encontrarás casos de éxito y eventos de la comunidad de moda de la que ahora formas parte. ¿Ya entraste?

Comunidad
www.lauraerre.com - registro y recursos para miembros

Y te voy a dejar otro recurso extra, el *Fashion Kanban*. Lo adapté de una metodología japonesa que consiste en poner gráficamente las tareas en un tablero (*kan* significa visual, y *ban* tarjeta) de acuerdo a los avances de la misma. Te recomiendo elegir seis tareas al inicio de tu día, conforme a las áreas de impacto de tu empresa. El truco está en que, tarea que tocas, la terminas. No toco nada que no esté dispuesto a finalizar. Hoy es cada vez más difícil concentrarnos en una sola actividad, hay muchas distracciones. Cada que te sientas tentado a contestar un mensaje o llamada, piensa en tu acuerdo y termina lo que estás haciendo.

El método puede ser tan simple como tener tres columnas: Por hacer, haciendo y hecho. Yo adapté un formato con la metodología

SIEMPRE. Cada que te sugiera algún ejercicio, artículo o recurso, te voy a compartir un código QR que puedes leer con la cámara de tu celular o –por si no funciona– la liga. Es mi forma de compartir conocimiento actual y hacer más lúdico este libro. Ahora sí, empecemos a detallar el sistema moda.

Fashion Kanban
https://www.lauraerre.com/post/fashion-kanban

Capítulo 1
SISTEMA

Me encanta su estudio: una mesa larga blanca, paredes blancas, buena iluminación de su ventana amplia y dos puertas, una hacia el interior y otra al patio exterior. La casa es *pet friendly* y la comparte con otros empresarios y artistas al estilo *coworking*. El estudio de Lucía parece un lienzo para esas telas y prendas que diseña, patrona y cose. Ella tiene una historia muy peculiar, estudió comercio internacional, a lo cual se dedicó exitosamente durante más de diez años. Viene de una familia estructurada, de administradores e ingenieros, en la que se contemplaba el orden sobre los colores, se estudiaban matemáticas sobre el arte. Contrae matrimonio y se da cuenta en su nuevo hogar del gusto por el arte, la moda, las tendencias. Empieza a tener sueños con ser diseñadora de modas; en su sueño dibujaba y cosía siempre el mismo vestido.

La última vez que fui con ella me volvió a contar el esfuerzo que implicó para ella dejar su trabajo, su experiencia profesional y dedicarse a su pasión: la moda. "Renuncié, decidí encontrar mi vocación e iniciar mi segunda carrera" –dice Lucía con emoción. Hablamos de varios temas, entre ellos de los retos que había vivido con su marca después de concluir el programa *El Negocio de Moda,* formando parte de la cuarta generación de la incubadora de negocios de moda Fashion Startup Lab. Entre los más relevantes temas se encontraban dos: maquila y comercialización. "A mí me gusta diseñar, incluso patronar y coser, pero no me gusta salir a vender" –nos compartió Lucía a modo de petición.

Antes de despedirnos le compartí el contacto de una maquila de buena calidad y servicio, y le pregunté en qué más le gustaría que la apoyara. "Vinculación, Laura; el camino del emprendedor es muy solitario, me gustaría poder referir mis dudas a contactos con otros diseñadores del sector; quizá todos compartamos retos similares". Nos despedimos y me comprometí con ella a iniciar un espacio de vinculación, en el que ya hoy participan integrantes de todo el Sistema de Moda.

El negocio de moda

https://www.lauraerre.com/post/el-negocio-de-moda

EL SISTEMA MODA

Veamos nuestra industria como un sistema. El sistema moda somos todos: tú, yo, productores de materia prima, grandes casas de tendencias, agencias de modelaje, patronistas, freelancers o independientes, diseñadores, teleros, empresas logísticas, ingenieros de software, contadores, entre otros. Mientras haya voluntad política, voluntad privada de la industria, voluntad de otras industrias y un plan estratégico de trabajo, el sistema moda seguirá vigente.

Un día, en uno de mis viajes a Ciudad de México, me senté con un editor de una gran revista de emprendimiento. Nunca me había entrevistado antes con un editor, iba un poco nerviosa. Cuando llegué al piso 8, me recibió una chica muy amable. "Genaro ya está por llegar, ¿gustas tomar algo?" –me preguntó mientras caminábamos hacia la sala de juntas. La empresa editorial no era como yo pensaba, no había gente caminando por los pasillos con impresiones en la mano, no lucían fotos y collages en las paredes, no era un ambiente tan creativo como imaginé. –Te acepto un café, gracias, le respondí mientras me quitaba mi abrigo y sacaba el cargador de mi celular para ponerlo a cargar.

Genaro es de las personas más amables que he conocido, se presentó conmigo con una gran sonrisa y me hizo sentir muy cómoda. Me platicó que quería hacer un ejemplar temático de moda y me pidió que le platicara acerca de mi trayectoria y mi visión de la industria. También me pidió opinión acerca de cuáles diseñadores invitar para formar parte del ejemplar. Me sigue sorprendiendo el hecho de que, desde fuera, la industria de la moda es representada sólo por diseñadores y no por toda la cadena de valor.

Así que le empecé a platicar parte de mi trayectoria en la industria, de cómo inicié con una tienda en línea, de los retos que tuve que enfrentar, así como de la relación que inicié con emprendedores de la moda. Le platiqué del lanzamiento de la comunidad de moda, que vino a generar un cambio positivo, alianzas, conversación entre miembros de la industria. Le conté del programa de incubación y de cómo resultó el inicio de *Fashion Startup Lab*, la primera incubadora de moda en México.

Llegó el turno de mencionar mi visión de la industria; le describí algunos perfiles de personas increíbles que me había tocado conocer durante los primeros años de formar parte de la comunidad. Conversamos de tendencias, de proveedores de materia prima, de empresas establecidas con decenas de sucursales, de agencias de modelos y del mundo detrás de la comercialización de moda.

Antes de despedirnos me mencionó que quería incluir nuestra entrevista en esta primera edición y que le gustaría conocer un par de personas detrás de este gran sistema de la moda. ¿Quieres ver el artículo? Ya me contarás qué te parece.

Prensa

https://www.lauraerre.com/prensa

Ahora es tu turno de ubicar en qué parte de la cadena de valor se encuentra tu empresa. La cadena de valor es un modelo que permite describir el desarrollo de las actividades de tu empresa generando valor al producto final. Es importante considerar que tú eres una pieza importante de esta cadena, mas no la única. Si cada uno de nosotros no hacemos nuestra parte como debe ser: con calidad, dando importancia al diseño, a las tendencias; si no implementamos nuevas tecnologías que nos permitan ser más eficientes; si no respetamos tiempos de entrega y compromisos con quien nos sigue en esta cadena, no estamos ayudando a la industria ni estamos generando riqueza.

Y no malinterpretemos la palabra riqueza. No sólo importa el dinero; la riqueza puede ser económica, social, ambiental o personal. Riqueza es abundancia. Imagina que tienes una marca de ropa ya funcionando –como Marisol–, y que genera empleos reales. No sólo cuento a Rocío, la chica que ayuda a Marisol a llevar sus redes sociales, rastrear los pedidos, empaquetarlos, contactar a la empresa de paquetería y hacer los envíos; también cuentan todas las costureras detrás de la cadena de producción, el patronista, el cortador, incluso aquellos que forman parte del proceso que maneja Rocío.

Si Rocío no da una buena atención en redes sociales, si el mensajero de la empresa de paquetería descuida o pierde la caja, si la costurera olvida remachar alguna costura, Marisol pierde una clienta. Pero a su vez perdemos todos un cliente si Marisol cierra su marca de ropa y deja sin trabajo a todos aquellos que forman parte del sistema de moda. Piensa que Marisol inicia buscando telas que cumplan con sus requerimientos de precio, calidad y estampados. Después manda diseñar los modelos de su colección y producir su muestrario con una maquila externa. Lleva las muestras a ferias para levantar pedidos, manda producir sobre pedido, más un extra para su venta en línea y canales tradicionales a través de boutiques y bazares. Diseña tu proceso gráficamente y enlista, debajo de cada paso, cómo puedes mejorarlo. Incluye aquellas personas internas y externas involucradas. Esta será tu cadena a la moda.

Cadena a la moda
https://www.lauraerre.com/post/cadena-moda

Lo mejor es subcontratar todo aquello que no forma parte de tu propuesta de valor, aquellas actividades que no son tu aspecto diferencial clave. ¿Y cómo encontrar proveedores en tu ciudad? Es una cadena, así es que para conseguir un proveedor de telas, por ejemplo, puedes preguntar al proveedor de un proceso previo o posterior en la cadena si conocen alguno de su confianza. Poco a poco irás delegando a distintas empresas o agencias aquello que –operativamente hablando– distrae recursos internos que puedes aprovechar mejor. Ya tocaremos estos temas más adelante.

Estamos buscando áreas de oportunidad de la industria nacional, e iniciativas que ayuden a resolverlas. Si tú formas parte de la industria de la moda y tienes alguna sugerencia de mejora, compártela, y a la vez encuentra otras sugerencias de mejora que puedan inspirarte. Por ejemplo, en temas relacionados con la calidad, la formalidad, los procesos, o la adopción de tecnología ¿cómo podríamos innovar en la entrega de productos?, ¿cómo podemos predecir compras?, ¿cómo haremos para aumentar el nivel de servicio?, ¿cómo nos podría ayudar la ingeniería a transformar las telas?, ¿cómo podríamos reducir el desperdicio o el tiempo de producción?

Sistema Moda
https://www.lauraerre.com/post/sistema-moda

YO EMPRENDEDOR

Se dice que el emprendedor es aquel que ve áreas de oportunidad donde otros ven problemas. Y la gran diferencia es la acción: vemos esa oportunidad como una meta y actuamos. Es importante que nuestra meta sea una necesidad real que viven varias personas, y que nos enfoquemos en la solución que mejor genere valor a esas personas, puesto que de ello depende en gran parte nuestro éxito.

Emprender es una actitud muy relacionada con la palabra innovar. Es idear, conceptualizar e implementar soluciones a problemas, como líderes de un proyecto, enfrentando riesgos hacia un resultado incierto. Puedes emprender con un enfoque social, tecnológico, creativo o corporativo; son los que llamamos *intrapreneurs*, personas que proponen e implementan soluciones dentro de grandes empresas o corporativos. En pocas palabras, se dedican a buscar oportunidades de innovar en el contexto en que se encuentran.

Te quiero contar la historia de Gary, un amigo y colega. Para quienes lo conocemos es una persona amable, centrada y con un gran sentido de empatía. Es director de una marca de ropa interior masculina que inició en una plática de sofá con amigos respondiendo esta pregunta: ¿Qué usamos los hombres todos los días que podamos mejorar? Cuando les vino a la mente la ropa interior, empezaron a preguntar a más amigos y amigas qué áreas de oportunidad encontraban en la prenda. Así encontraron la funcionalidad, la ergonomía, la sensación de la tela, los colores, entre otros aspectos.

Gary y su equipo no sólo se quedaron en temas relacionados con el producto, sino que quisieron aportar más. Ellos encontraron áreas de oportunidad en la comunidad de Sonora y quisieron contribuir a su desarrollo. Buscaron símbolos emblemáticos de su marca que les recordaran la filosofía detrás de la marca *Bshi*, haciendo referencia a "desnudo". Hoy es una marca con más de 50 canales de distribución, dos colecciones anuales y dos colecciones cápsula, y han generado un impacto positivo a su comunidad de origen, porque dieron solución al problema.

Recuerdo el primer evento de comunidad; lo invité a dar una charla para platicar de "Comercio Justo y el Valor Agregado de tu Marca". Nos platicó la filosofía de su marca y la importancia de cuidar los detalles, no sólo del producto, sino de cada canal con el cliente. La manera de responder en redes sociales, la forma de hacerle llegar el producto al cliente y la de hacer comunidad. Él se inspira en marcas como Disney y en un negocio que recuerda bien en Italia, en el que envolvieron su producto frente a él: abrieron una caja, desdoblaron el papel con cuidado, sacaron el producto nuevo de almacén, lo colocaron doblado al centro, envolvieron con el papel, colocaron una tarjeta de la marca, cerraron la caja, le colocaron un listón del color del logotipo, y se lo entregaron. Dice que nada le inspira más que ese momento en el que se sintió el cliente más especial de toda Italia.

"Y lo mejor de todo —nos dijo Gary con cierto suspenso—, yo soy financiero y mi socio mecatrónico. Algo que he aprendido a lo largo de estos años es que ya no es suficiente estudiar una carrera. Los líderes de esta industria no estudiaron diseño de modas; se han formado en habilidades que les permiten ser más competitivos, no en diseñar mejores productos".

Aquí hay una lección importante: las personas no compran productos, compran estilo de vida y comparten experiencias. Gary nos recordó la importancia de las experiencias, y que no es sólo el diseño del producto lo importante. Por lo que, si eres diseñador o especialista en el producto que estás comercializando o por comercializar, mi recomendación es que formes un equipo de trabajo multidisciplinario que integren mejores prácticas desde distintos enfoques, y aprovechen oportunidades de educación continua. Conoce lo que opinan Gary y otros casos de éxito.

Entrevistas a expertos

https://www.fashiondigitaltalks.com/expertosmoda

AL CENTRO DE LAS 5 ESFERAS

Son varios círculos. Tú al centro, alrededor tu empresa, luego el sistema moda nacional, el sistema moda internacional, el planeta es el círculo más grande, y por fuera la frase: Piensa global, actúa local. ¿Lo imaginas?

Ya pensaste en tu talento, es momento de encontrar tu por qué. Por qué te emociona, ilusiona, obsesiona emprender tu proyecto. Y esa respuesta la tienes en ti: ¿cuál es tu propósito en la vida?, ¿quién te motiva a hacerlo?, ¿cuáles son tus principales fortalezas?, ¿por qué quieres que este proyecto sea un éxito? Podrán parecer preguntas muy filosóficas, pero te invito a darte unos minutos para responderlas.

¿Cuál es tu propósito en la vida? Primero puedes escribir cómo imaginas la vida de tus sueños. Describe cómo sería tu casa, qué coche tendrías, si te gusta viajar y a dónde te gustaría ir, qué harías en tu día a día. Anota todo aquello que te da más felicidad en la vida. Si ya llevas al menos media página, puedes ahora preguntarte el para qué de todo esto. Más allá de los bienes materiales, ¿qué es lo que hay detrás de todo esto que estás por obtener? Se dice que misión es aquello que ya sabes hacer y puedes enseñar en esta vida. El propósito es lo que tú vienes a aprender en ella.

¿Quién te motiva a hacerlo? Puede ser tu hermano, tu hijo, tu sobrina, tu madre o tu padre, ¡puede ser tu país! ¿Quién necesita que hagas el mejor papel de tu vida?

¿Cuáles son tus principales fortalezas? Cierra los ojos unos segundos y piensa en alguna ocasión en la que hayas sido la mejor versión de ti. Piensa en un proyecto que hayas querido realizar y lo lograste, diste lo mejor de ti. No tiene que ser un proyecto profesional; puede ser mientras diseñabas algún detalle para tu pareja, cuando pasaste aquel examen complejo, o cuando recibiste tu primer cheque por algún logro. Anota las tres cosas que más te caracterizaron en esa mejor versión de ti. Si aún no te vienen a la mente, pide a tres personas cercanas que te describan en tres palabras; será bueno escuchar lo que quienes te rodean ven y que quizá tú no estás viendo.

¿Por qué quieres que este proyecto sea un éxito? ¿Qué hay para ti a ganar? Enlista tus metas de aparador y tus metas de taller. Las de aparador son aquellas que quieres comunicar a todo el mundo, las que vas a decir en cualquier entrevista o en tu página web. Procura que sean metas trascendentales, que vayan más allá del éxito monetario. Pueden estar relacionadas con el medio ambiente, con el impacto social, generación de empleos, calidad de vida. ¿Qué impacto quieres tener en la vida de los demás? ¿Cómo quieres ser recordado? ¿Qué legado quieres dejar con tu negocio? Afirma el cambio en positivo: qué es lo que estás resolviendo a tus clientes, a la sociedad, al planeta. Por ejemplo, inspirar a más personas a consumir lo hecho en México, reducir el impacto ambiental reciclando el desperdicio de materia prima.

También enlista las metas de taller, aquellas que quizá no salgan a la luz; las bocetas con lápiz, o en tinta gris, ese color que se pierde en el papel. Escríbelas sin miedo, enlista aquellos beneficios para ti. Beneficios económicos, de libertad de tiempo para estar en familia o viajar con amigos, piensa y enlista todos aquellos beneficios. ¿Qué te motiva a tener tu negocio? Aquello que quizá no te digas ni a ti misma por miedo de que alguien más escuche. Es válido y muy importante conocer por qué quieres lanzar tu marca o negocio. Qué es lo que te motiva a crecer a través de ella. Por ejemplo, si quieres viajar, tener libertad financiera, comprarte una casa, el auto de tus sueños, reconocimiento, más tiempo en familia.

Anota tu propósito, tus fortalezas, tus metas de escaparate y tus metas de taller, y recuerda que nadie te va a juzgar por tenerlas claras. Por más que las marques a lápiz son las que menos se te van a borrar de la mente, puesto que son tu mayor motivación.

Toma acción

https://www.lauraerre.com/post/la-gran-diferencia-es-la-accion_tony_robbins

Te invito a reflexionar un poco: ¿cuál es la emoción que te acompaña con frecuencia? ¿puede ser miedo, frustración, vergüenza, estrés, melancolía? ¿cuáles son las emociones que quieres cultivar en tu vida? ¿pueden ser dicha, certeza, optimismo, gratitud? ¿por qué no haces hoy más de lo que te hace feliz? ¿cuáles son aquellas pequeñas cosas, momentos o actividades, que no dependen de alguien más y que te hacen feliz? Afírmate por qué quieres que este proyecto sea un éxito, y en el camino al éxito no te olvides de ti.

Hay un vídeo que te recomiendo y puedes buscar como "El círculo dorado", de Simon Sinek, que nos habla de que el negocio no es hacer negocio con los que requieren lo que tú tienes, sino hacer negocio con gente que cree en lo que tú crees. El qué haces es solo la prueba de que estás cumpliendo lo que tu musa cree. Tu verdadero propósito, aquello que crees como emprendedor o emprendedora, es aquello que tu musa tomará como causa propia y sumará dando vida y testimonio a tu marca. Los líderes con propósito inspiran, son aquellos a quienes quieres y eliges seguir. Yo adapto el concepto a las cinco esferas del Sistema Moda. Al centro estás tú, después tu negocio, el sistema moda nacional, el sistema moda global y el planeta, y alrededor de la última esfera está una frase.

Las 5 esferas del sistema moda
https://www.lauraerre.com/post/las-5-esferas-del-sistema-moda

"Piensa global, actúa local", nos dijo eufóricamente un consultor de Babson College, después de cantar *a capella* la canción "A mi manera", de Frank Sinatra, para iniciar su taller de emprendimiento en el TEC de Monterrey a un grupo de 20 estudiantes universitarios que no teníamos ni idea de a qué nos enfrentaríamos al egresar de la carrera de Creación y Desarrollo de Empresas. De hecho, en ese taller conocí a Karla, mi primera socia de un negocio de regalos personalizados que se llamó Expressarte que después se llamaría Il Momentum y vendería cenas románticas y pedidas de mano. Todo inició en un trozo de servilleta, en el que dibujamos una gran idea que nacía de las ganas que teníamos de expresar nuestra creatividad a través de detalles inolvidables.

Ahora te sigo platicando de Karlita. ¿Habías escuchado esta frase: "Tiene un poder enorme"? Si pensamos global, nos abrimos a todas las posibilidades de hacer el proyecto en serio, de hacerlo a la altura de cualquier marca o empresa internacional, de negociar con la formalidad que requiere una empresa transnacional con una estructura organizacional. Empezar es local, pero no nos limitemos a lo posible, visionemos lo "imposible" y hazlo a tu manera.

ENFOCA TU MIEDO

Hay dos cosas que nos mueven en la vida: evitar el sufrimiento y aumentar el placer. A todas las personas en el mundo las rige esta regla básica de la mente, así funcionamos. Tú tienes que pensar en tu proyecto, en aquello que quieres lograr, en esa oferta irresistible que estás ofreciendo, y frenar el miedo que eso conlleva. El miedo es resultado de que lo que quieres lograr es enorme, que lo ves inalcanzable, te sientes aún lejos del resultado que estás visualizando. Por lo tanto el que te dé miedo significa que ya estás pensando global; ahora actúa local. ¿Qué acciones puedes tomar hoy para hacerlo realidad?

Quiero que respondas a conciencia las siguientes preguntas:

¿Qué es para ti el fracaso? ¿Qué es para ti el éxito?

¿En dónde estás? ¿En dónde quieres estar?

Recientemente en un seminario Tony Robbins nos decía: Enfócate primero en el resultado, en tu propósito. Si tienes completa certeza de que lo vas a lograr, tienes razón. Si tienes miedo de que puedes fracasar, lastimarte, o arrepentirte en el camino, también tienes razón. Empieza entrenando tu cuerpo, que responda de cierta manera ante situaciones de estrés. Después entrena tu mente, que se enfoque en pensamientos positivos. Por último, cuida las palabras que usas, el significado que le das a las situaciones afecta también. Procura que sean también positivas, para mantenerte en un estado de 100.

Una amiga un día nos dio la noticia de que había quedado seleccionada para una carrera internacional de 90 kms. de esquí nórdico en Suecia. "¿90 kilómetros? ¡Suena imposible!", le decíamos. "La carrera es una ruta legendaria que el príncipe de Suecia hizo una vez y se volvió famosa; más de 500,000 personas la han hecho –nos decía–. Ya me comprometí y la voy a hacer, estoy muy emocionada".

El reto es que nunca lo había hecho ni entrenado antes. Así que contrató a una entrenadora que le ponía ejercicios diarios de fuerza y resistencia, incluso durante sus vacaciones. Se registró a una carrera previa de 30 kms. para irse fogueando y poner en práctica los ejercicios. La de 90 kms. requiere aproximadamente nueve horas de carrera, y en clima extremo.

Le preguntamos si podía parar a media carrera para descansar, ir al baño, o comer. Nos explicaba que si te detienes tu cuerpo empieza a producir ácido láctico, que hace que tus músculos se contraigan, te cansas, empiezas a perder calor y te enfrías en segundos. Así que tu cuerpo va en piloto automático, sin parar, pierdes toda el agua haciendo ejercicio. "Pero la magia no está en tu cuerpo, más del 50% del resultado es mental", nos dijo.

Le fue increíble en su carrera, la disfrutó, fue de las primeras en su categoría y celebró el logro al llegar a casa. Mi amiga es lo que Tony Robbins recomienda. Lo resume en tres pasos para ser extraordinario: el primero es encontrar al experto para que te guíe; el segundo, que tomes inmensa acción; y el tercero, repetición. Hazlo un hábito, hazlo parte de ti. La gran diferencia es la acción.

TÚ EN SOCIEDAD

Y ya te platiqué cómo iniciamos Karla –mi primera socia– y yo. Después de este curso con el gurú del emprendimiento, una persona de 60 años con la energía de un joven de 30, empezamos a cocinar nuestra empresa Il Momentum. Karla es una persona creativa, muy atenta a los detalles y de un excelente trato con clientes, aliados y proveedores. Lo mejor era escucharla narrar nuestro proyecto, hacía sentir a la gente en la mejor experiencia de su vida. Y es lo que vendíamos: emociones que trascienden. Nuestro slogan no hacía más que resumir aquellas decoraciones, cenas, pedidas de mano, saltos en paracaídas, letreros, violinistas, pétalos de rosa, espumosos, entre otros momentos que preparábamos de parte de un enamorado a otro. Hacíamos lo que nos encantaba, y además nos pagaban por ello.

Alguna vez, en una incubadora de negocios, nos dijo Moisés con mirada seria y con cierto énfasis en su tono de voz: "Una sociedad es como el matrimonio. Es fácil en un inicio, están enamoradas de su proyecto; es duro en la etapa operativa, en la que están buscando cómo crecer y hacerlo rentable; y es caro el divorcio, cuesta en lo económico, en lo emocional, y vale la pena darle la importancia que merece a la relación. Primero, ¿saben con quién se están casando?", y nos acercó un trozo de papel.

En el papel, respondimos cada una por separado nuestra visión personal a cinco años, nuestras metas personales, valores, metas del proyecto, y nuestro rol en el negocio de acuerdo a nuestras habilidades. Fue muy interesante leer lo que ella quería y mostrarle lo que yo esperaba. Coincidimos en los aspectos más relevantes acerca del negocio. Te invito a hacer el ejercicio –si tienes socio, con tu socio–. Si no tienes socio o socia, hazlo sola o solo. Poner lo que quieres por escrito es el primer avance de muchos en este proceso.

Tú en sociedad
https://www.lauraerre.com/post/sociedad

Ahora sí, compartan lo que anotaron. La visión es importante, porque el crecimiento de los proyectos depende directamente del tiempo y la visión de los socios. Si tu socio tiene en sus planes tener familia es importante saberlo, para negociar que el área comercial de la empresa que requiere de viajes constantes al extranjero deberá estar lista al mediano plazo, con el fin de conseguir algún responsable del área a quién capacitar.

Por otro lado, si son socios más jóvenes y uno de los dos quiere alguna experiencia académica o laboral en el extranjero debería exponerlo de antemano. Lo mejor es ser sinceros desde el inicio. Es válido que para uno de los socios sea un pasatiempo, algo temporal o algo de tiempo parcial, y para el otro quizá sea un proyecto a largo plazo. No quiere decir que si no tienen la misma visión no se puedan o deban asociar, sino que es bueno ponerlo sobre la mesa y resolver o prevenir problemas a futuro.

Cuando le platiqué a Karla que quería irme al extranjero a hacer una maestría ella me confesó que no se quedaría con el negocio sola. Y yo también considero que gran parte de nuestro éxito era nuestro trabajo en equipo. Logramos complementarnos de tal forma que una sin la otra perdía estabilidad, por lo que el proyecto se detuvo y no se volvió a mencionar. Ella es hoy una exitosa empresaria, siguió con la coordinación de eventos y hoy cuenta con un equipo de más de 15 personas y 100 proveedores en varias ciudades del país que la complementan.

Los valores son importantes, y no sólo los que se anoten. De preferencia asóciate con alguien a quien conozcas, con quien hayas coincidido como colaborador, colega, o de quien al menos tengas buenas referencias. Los temas que se van a sentar a negociar cuando constituyan su empresa son los porcentajes de participación, el capital social o inversión inicial, y quién será el representante legal de la empresa, entre otros.

Hace algunos años me equivoqué al iniciar un proyecto con una persona de quien no pedí referencias. Cuando estaba por concluir la primera etapa del proyecto comenzaron las dificultades. Ella empezó a mostrarse cerrada y egoísta. Se sintió insegura y su estado emocional la hizo reaccionar de forma tal que preferí abandonar el proyecto. El tiempo invertido no es pérdida sino aprendizaje, y otra cosa que aprendí es que no vale la pena iniciar un proyecto, por más rentable y único que parezca, con una persona a la que no conoces y con quien puedes terminar mal la relación. Cuando allegados supieron lo que pasó, recibí varias referencias negativas de esa persona. Pude haber evitado el disgusto, preguntando antes y siendo más meticulosa en etapas iniciales.

En el papel tienes tu visión, valores, metas, y tu rol en el negocio de acuerdo con tus habilidades. Las áreas en las que consideras que puedes contribuir más al proyecto deben cumplir con tres máximas, en este orden:

1.- Lo he hecho antes y soy bueno (experiencia)

2.- Lo disfruto y me gusta seguir aprendiendo cómo mejorar (pasión)

3.- Conozco la teoría y podría explicarla a alguien más para que realice la actividad (capacitación).

Se valora más la experiencia que el gusto. Piensa que estás reclutando para el puesto, ¿te reclutarías?

Una vez que compartan sus respuestas es importante que platiquen acerca de los resultados. Con frecuencia recibo socios que se conocieron en la carrera o en el trabajo y tienen el mismo perfil académico. Lo ideal es que se complementen, y en este ejercicio se darán cuenta de si están dispuestos a hacerlo o no. No podrán empalmar actividades; cada uno debe ser responsable de distintas áreas. Esto a la larga prevendrá disgustos.

La definición de roles es para coordinar la comunicación con clientes, proveedores, incluso empleados. Hagan un organigrama y acomoden sus roles. Un organigrama es la representación gráfica de tu empresa, en el que incluyes las estructuras por departamentos, así como el orden jerárquico de cada rol o puesto. Empiezas por la cabeza de la organización, que usualmente es el director o presidente; sigues con las gerencias o direcciones de cada departamento o área de tu empresa. Los departamentos pueden ser: Ventas, Producción, Administración, Mercadotecnia, y Digital. Subordinado a cada gerencia corresponderán los puestos o roles. Por ejemplo, debajo de Producción pueden ir: Diseño, Compras, Almacén. Y así, área por área. Y ahora sí, diseña tu organigrama ideal.

Organigrama
https://www.lauraerre.com/post/disena-tu-organigrama

Hacer un organigrama les dará claridad de aquellas áreas que aún no tienen cubiertas; quizá sea bueno ir buscando quién pueda cubrir dichas áreas, de forma interna o externa. En *Brila Moda*, por ejemplo, tenemos varios proyectos simultáneos, lo que requiere un buen manejo de agendas, tareas y roles. Algo que hacemos con el equipo es implementar metodologías ágiles –como el *Fashion Kanban*– que nos permitan avanzar diariamente aun con los impedimentos que pudieran surgir en los entregables. Como líder del proyecto, debes comunicar con claridad las expectativas de cada actividad, rol o puesto que estés delegando. Ya irás diseñando y mejorando la cultura organizacional de tu empresa. Este organigrama colócalo en la segunda esfera, tu negocio.

FORMACIÓN CONTINUA

Como buen emprendedor, te ves un día en tu escritorio con una taza de café en la mano y un inmenso dilema. No sabes si llamar a alguien, ir por algo dulce para distraer la mente, o empezar a buscar un libro de este tema que te resulta difícil de digerir. El que, como emprendedor en etapas iniciales de tu proyecto requieras resolver todos los temas y jugar todos los roles de tu empresa, no quiere decir que seas experto ni que alguien te haya dicho cómo. Tú eres, de momento, el único responsable de resolver temas o tomar decisiones difíciles, y para ello puedes pedir ayuda.

Coincido totalmente, la educación es el arma más poderosa que puedes usar para cambiar el mundo. Además, una de mis pasiones es aprender cosas nuevas y conocer a gente increíble todos los días. Alguien con experiencia y conocimiento, que tiene las ganas de compartir y el talento para hacerlo, es un gran maestro. Hay instituciones nacionales e internacionales que ofrecen especialidades como: estilismo, editorial, mercadotecnia, comercio electrónico, fotografía, finanzas, relaciones públicas, liderazgo, entre muchas otras. Son herramientas que te auxilian en resolver los retos del día a día, y te ayudan a crecer personal y profesionalmente de la mano de maestros.

Aliados: academias
http://fashionstartup.mx/academia

Yo, por ejemplo, tomé un diplomado en diseño de modas desde prepa; entré a la licenciatura en creación y desarrollo de empresas en el Tecnológico de Monterrey, campus Guadalajara. Me gradué y trabajé un tiempo en el sector de tecnología. Mientras aplicaba a una beca para mi maestría hice un diplomado en diseño gráfico para aprender a armar mis propias presentaciones, y después de un año me fui a Barcelona a cursar el Master en Gestión y Dirección de Empresas de Moda en Felicidad Duce con la Universidad de Barcelona, que me ayudaría a unir negocios y moda. Me surge la oportunidad de una beca en otro Master en Empresas Creativas Digitales en el Instituto Europeo de Diseño, y complemento ahora negocios, moda y medios digitales. Antes de regresar a México me voy a Londres a tomar un taller de una semana en Compras de Moda por Fashion Retail Academy.

Cuando vuelvo a Guadalajara decido unir los tres y lanzar una tienda en línea multimarca, me doy cuenta de que el e-commerce es otro mundo, así que empiezo a hacer cursos en línea y leer tutoriales para aprender a usar y vender a través de un sitio transaccional. Empiezo a dar clases de gestión y marketing de moda en distintas escuelas de moda de mi ciudad, mientras me sigo especializando. Tomé un certificado en exportación por Yo Exporto, de Jal-Trade; otros en Coursera de Gamification y Design Thinking. Años después, me voy a Aachen, Alemania, a cursar un programa de un mes en Negocios Internacionales, invitada por el GIZ e INADEM.

Estos estudios me han ayudado a mejorar aspectos en mis negocios, empatizar con más gente, compartir conocimientos, y son herramientas que aplico a la docencia y a las consultorías con empresarios y emprendedores. Como buena emprendedora me gusta mantener mi curiosidad activa y siempre estar aprendiendo cosas nuevas que me mantengan en un reto constante de mejora continua, ¿te ha sucedido?

La academia busca acercar a estos expertos con profesionistas como tú, que buscan especializarse y conocer mejores prácticas, herramientas, tendencias y estrategias para distintas áreas de la industria. Importante: encuentra tu vocación. Es imprescindible que detectes lo que te gusta y lo que no, en lo que eres realmente bueno y en lo que no. Si no lo detectas a tiempo puede ser que estés desperdiciando tu verdadero talento. Aquello que te gusta, domínalo, y aquello que no, entiéndelo. Te va a ayudar mucho conocer acerca de los distintos procesos que se llevarán a cabo en el día a día de tu negocio. Si tú no lo dominas debes empezar a buscar quién sí lo haga, e ir formando a tu equipo. Llena la prueba personal y pon a tu equipo a llenarla.

Test a la moda
https://www.fashionstartup.mx/test

Y cuando vayas creciendo en conocimiento y experiencia no te olvides de compartir. Al hacerlo te darás cuenta de que también sigues aprendiendo.

PIRÁMIDE DE LA MODA

Y si ya encontraste tu vocación, aquello que te mueve a crecer un negocio que se mantenga SIEMPRE a la moda, habrá que empezar a encontrar personas a las que les haga brillar los ojos tu oferta y que estén dispuestas a comprar.

La moda es un reflejo de nuestra identidad, nuestros ideales, nuestro nivel socioeconómico, nuestros deseos y nuestras aspiraciones. Maslow alguna vez lo sintetizó en una pirámide que les comparto a mis alumnos en clase de marketing. "¿El vestido cabe en uno, o en todos los eslabones de esta pirámide?", les pregunto. Desde la necesidad fisiológica para sobrevivir al frío extremo, la seguridad física, las necesidades sociales de pertenencia y aceptación, el reconocimiento y la autoestima, hasta la autorrealización, cabe en todos. Porque la moda es un bien tangible, e intangible.

Y sí, hay una pirámide específicamente de la moda, que explica los distintos segmentos de mercado. Si fuera otra tu industria, o tu empresa es de servicios, úsala de referencia. Es un ejercicio interesante: intenta relacionar marcas, revistas y celebridades que conozcas con cada eslabón de la pirámide. Te menciono algunas de las características por eslabón:

Alta costura: proceso artesanal, hecho a la medida, precios elevados, disponibilidad limitada, bajo beneficio por ventas, sostenido por la venta de complementos, mayor cobertura mediática, y exclusividad.

Diseñadores de lujo: producto exclusivo de alta calidad, colección principal, mayor variedad y cantidad de producto.

Lujo asequible (Prêt-à-Porter): piezas fabricadas en serie, industrialmente, medidas estándar, su mercado es más amplio, líneas de difusión.

Cadenas de gran distribución: mercado de masas, penetración de precio asequible, uso de licencias.

Moda económica: menor calidad en diseño y producto, mercado de gama baja.

Lo que incrementa en cada nivel es el precio, el nivel de moda y la calidad. Las marcas de moda generalmente tienen productos en uno de los eslabones, aunque hay marcas que empezaron en alta costura y ya están en "varios". Chanel, por ejemplo, tiene una línea de productos en cada eslabón. ¿Difícil de creer? ¿Y qué hay de sus líneas de bolsos *Prêt-à-Porter*, gafas y perfumes? Cuidado también con la piratería, porque donde hay dinero empiezan a nacer réplicas. Ya te tocará ir creciendo, y definir si lanzas algunas líneas que complementen tu oferta actual y abran mercado en algún otro eslabón.

Pirámide de moda
https://www.lauraerre.com/post/piramide-moda

DISEÑA TU MUSA

Gary y sus socios entendieron muy bien la importancia de conocer a la persona detrás de la compra. Tan es así que les llama por su nombre, les escribe una carta personalizada para atender sus dudas, sus pedidos o incluso sus quejas. Y no sólo por atención Gary lleva el registro de sus cumpleaños y les envía una felicitación. La carta lleva su firma y una dedicatoria especial para su cliente. Esto no le ahorra tiempo, pero le asegura lealtad. Piensa en tu pareja: los detalles más sinceros son aquellos que recuerdas con emoción. A tu cliente le gusta sentirse especial, y para ello es importante que lo conozcas.

Hoy te propongo ver a tu cliente como tu musa. ¿Por qué musa? Dedicarás tus diseños y estrategias comerciales a una persona que es ideal visualizar. Quizá tú ya la tienes en tu mente, házmela conocer. Vamos haciendo un ejercicio que te va a ayudar a enfocar tus esfuerzos de diseño, operación y comunicación, así como a optimizar recursos. Le vas a elegir un nombre, una fecha de nacimiento; vas a describir qué le gusta hacer, comer, a qué se dedica, su estado civil. Yo voy a conocer a tu musa gracias a tu descripción, así que por favor describe lo mejor que puedas cada concepto.

Descríbeme –por ejemplo– su estilo de vida: la manera en que utiliza su tiempo (actividades como trabajo, pasatiempos, eventos sociales, vacaciones, clubes, comunidad, deportes, entretenimiento); lo que considera importante en su entorno (intereses como familia, hogar, trabajo, recreación, moda, alimento, medios, logros, comunidades), y lo que piensa de sí mismo y el mundo que le rodea (opiniones de su persona, política, negocios, economía, educación, productos, cultura, asuntos sociales).

Con detalle, respóndeme preguntas como: ¿Dónde vive? ¿Cómo consume contenidos? ¿En qué canales? ¿Qué temáticas le interesan más? ¿Cuáles son sus opiniones y frases? ¿Quién y qué influye en él? ¿Qué puedes aportarle? ¿Cuál es su estilo*? ¿Cuánto tiempo tiene para consumir contenido? ¿A qué retos se enfrenta en su día a día? Si sale de vacaciones, ¿a dónde sale?, ¿con quién? ¿Tiene mascota? ¿Compra en línea? ¿Prefiere calidad o cantidad? ¿Cuánto suele gastar? ¿Cada cuánto tiempo suele comprar? ¿Tiene hijos? ¿Cuál es su estado civil? ¿Qué no le gusta? ¿Cuáles son sus celebridades favoritas? ¿Qué revistas y libros lee? ¿Cuál es su marca preferida?

Ahora, reúne todas las revistas de tu casa y elabora un collage. Si prefieres hacerlo en tu computadora, adelante. Plantea con imágenes quién es tu musa, qué ve, qué siente, qué dice y qué oye. Por ejemplo, si aún va a la universidad, puedes colocar una o varias imágenes que representen su estilo de vida estudiantil. Puedes colocar un salón de conferencias, a unos chicos bailando en un antro, un partido de fútbol, y la portada de una serie de Netflix. Puedes colocar la imagen de un youtuber, una pareja en el cine, y un coche de acuerdo con su nivel socioeconómico.

Collage de tu musa
https://www.lauraerre.com/post/conociendo_a_tu_musa

Ya que tienes descrita a tu musa y un collage que la representa, pégalo frente a tu escritorio y dedica cualquier activación, mensaje, estrategia, a él o ella. Muchos empresarios me preguntan: ¿Qué pasa si tengo a más de una persona en mente? Si ya tienes tu producto o servicio probado y puedes identificar a más de un perfil de cliente, haz el ejercicio con más de una musa. Te recomiendo tener no más de tres; recuerda que cada musa está relacionada a una campaña distinta, a retos, gustos y hábitos diferentes. No es que no puedas tener más de una, pero requieres más inversión de tiempo y dinero para satisfacer los deseos de cada una. Y no comas ansias, lo vamos a ver en próximos capítulos.

Capítulo 2
INNOVACIÓN

Seguramente hay varias formas en las que tu musa cubre una nece-
sidad o deseo actualmente, quizá con fallas o no de la forma ideal,
pero es importante identificar tres cosas: primera, una oportunidad
de negocio es el deseo o necesidad de mucha gente y no sólo de una
persona; segunda, ya hay quién la está solucionando y puede ser mi
competencia; y, tercera, innovar es generar valor de forma novedosa
y relevante.

    ¿Has entrado a una tienda de Disney? Cuando ves un peluche
quizá lo primero que te viene a la mente es tu escena favorita del
personaje en esa película que te recuerda tus mejores años de in-
fancia. No sé si lo que tienes en tus manos es el producto de la mejor calidad, pero el valor percibido, el vínculo emocional, e incluso
tu relación con el personaje son tan altos que desembolsas lo que
valga en dólares. Acaba de terminar un webinar con la líder del
programa de negocios de moda del Instituto Marangoni. "No es la
calidad, sino la calidad percibida lo que da valor a un producto",
menciona Fiorenza. Y yo lo resumo en el Espejo WHOWWW. Why
(por qué), How (cómo), What (qué), to Where (a dónde), for Whom
(para quién y con quién).

Espejo Whowww

https://www.lauraerre.com/post/espejo-whowww

Imagina que estás frente a un escaparate. Estás viendo algo increíble dentro, y te detienes unos instantes a verlo mejor. Durante segundos te pierdes en tu mirada, te visualizas en ese traje, empiezas a imaginártelo puesto y con tus zapatos favoritos. Es como si soñaras despierto y, cuando reaccionas, ves el brillo de tu reflejo en el vidrio del escaparate. Tu marca es como este espejo en el que los clientes se van a ver reflejados. Ponle el marco que quieras, yo le llamo Sistema moda y al centro estás tú. Por qué lo haces se refiere a tu propósito, cómo lo haces se refiere al modelo y equipo de tu negocio, qué haces es el producto o servicio que ofreces en el sistema moda nacional, a dónde quieres llegar con aquello que haces son tus metas y objetivos globales, y para quién o con quién tiene que ver con tus relaciones y el impacto al planeta que vas generando en el camino. Si te fijas, lo saqué del Sistema Moda. Es el mismo círculo y los mismos conceptos. Ahora bien, ¿en dónde está tu factor WHOWWW? Analiza cada uno de los círculos que componen este espejo y encuentra aquello que tu musa más valora. ¿En cuál brilla más? ¿Está en tu propósito? ¿En tu modelo de negocio? ¿Qué hay de tu producto? ¿Está en tu visión? ¿Alguna relación de valor? ¿O en aquello que impactas?

AFINANDO TU IDEA:
INVESTIGACIÓN Y OPORTUNIDAD

Clarissa es una emprendedora mexicana que hoy vive en Perú. Recuerdo su primera entrevista conmigo, el internet no era tan bueno y se cortaba la llamada. Mientras caminaba hacia un Starbucks cercano para conectarse al *wifi* me explicó que suele haber problemas de recepción en su zona. Cuando conocí su proyecto –una tienda en línea de productos de segunda mano– me sonó muy bien aterrizado; sin embargo, había algo que estaba deteniendo su crecimiento. Una vez que iniciamos las sesiones de mentoría, me fui dando cuenta de que el proyecto era más complejo de lo que parecía. No había mucho margen de ganancia y, a pesar de que promovía uno de los pilares de la economía circular, la gente parecía no frecuentarlo tanto como ella esperaba.

Hicimos una investigación, primero del problema que resolvía a través de su empresa, haciendo varias búsquedas:

cómo reciclar mi ropa

cómo reusar mi ropa

ropa de segunda mano.

Encontramos que había mucha oportunidad, ya que mucha gente hablaba del tema y había poca oferta de empresas que lo resolvieran. Encontramos también comentarios de ciertas páginas que nos ayudaron a entender las debilidades y riesgos que enfrentaríamos.

Después hicimos lo mismo en inglés, para entender quiénes son los jugadores que dominan la industria de segunda mano en otros países. Obtuvimos resultados muy interesantes, de los cuáles analizamos lo bueno y lo malo. Tuvimos que rediseñar el modelo de negocios y nos dimos cuenta de que, operativamente hablando, desde Perú era difícil de operar. Su idea siempre fue impulsar la moda sustentable, así que se reinventó como una agencia de comunicación y ahora mismo ayuda a más emprendedores sustentables a desarrollar su identidad de marca.

Para encontrar la oportunidad que hay en la actualidad para el producto o servicio que tienes en mente, necesitarás iniciar con investigación y tener algún dispositivo con internet a la mano. En el buscador de tu preferencia escribe el problema lo más resumido posible, primero en español, después en inglés. Luego agrega la categoría de producto, el tipo de producto, y algún atributo. Si es un servicio, define el problema que buscas resolver. Me gustaría que enlistes tres búsquedas del mismo problema.

Te ayudo con preguntas clave:

Cuando estás describiendo el problema que resuelve tu marca, ¿qué palabras son las que repites con mayor frecuencia?

Cuando estás describiendo la solución, ¿qué palabras te vienen a la mente? ¿otras posibles soluciones o sustitutos?

Si alguien está buscándote, ¿te busca con alguna pregunta, con algún juego de palabras, con alguna frase o con alguna marca ya existente?

Vamos a hablar de Raúl, un hombre con sobrepeso que necesita encontrar ropa de su talla para ir al trabajo y verse formal.

EJEMPLO:

Hombres con obesidad no encuentran ropa

Tallas grandes en ropa de hombre

No encuentro ropa de mi talla.

En los resultados vas a encontrar de todo: blogs, vídeos, páginas web de productos, servicios, redes sociales, comentarios en sitios, documentos, etc. Entra a todos, uno por uno; recuerda que buscas pistas y las puedes encontrar escondidas en el comentario de un blog de salud, por ejemplo. Porque quizá una persona describe el problema de una forma que te gustaría comunicarlo, o desde una perspectiva que no habías visualizado; también encontrarás maneras en las que otras personas resuelven actualmente el problema. Es importante que tomes nota de todo. Haz una tabla con: liga del sitio web, breve descripción del proyecto o empresa, liga a redes sociales, estado actual, aspectos positivos, aspectos a mejorar, ideas y preguntas que te surgen. Si encuentras comentarios o algo que te refiera algún riesgo, puedes agregar la columna de riesgos.

Haz la misma búsqueda en al menos otro idioma, inglés por ejemplo. Puedes ver soluciones muy distintas a las que hallas en español, así como negocios que están funcionando en otros países, foros o comunidades.

Ya encontraste algunas soluciones al problema, e incluso algunas percepciones que te ayudarán a complementar el contexto que tenías anteriormente del mismo. Una intuición o *insight* es descubrir algo inesperado, una pista o idea. Las vas a ir enlistando. Luego complementa la búsqueda agregando el nombre de tu país o región. Agrega la palabra México, por ejemplo y ve qué aparece.

EJEMPLO

Hombres con obesidad no encuentran ropa México

Tallas grandes en ropa de hombre México

No encuentro ropa de mi talla México.

Ahora agrega el nombre de la ciudad en donde vives y ve qué resultados te arroja. ¿Qué es importante analizar de esta tabla? Los aspectos positivos, por ejemplo, te ayudan como referencia. Puedes basarte en ellos para reforzar tu idea con mejores prácticas o adaptar ciertos elementos. Por ejemplo, ves que hay una página de tallas grandes cuya apariencia no te gusta mucho (aspecto a mejorar); sin embargo, utiliza un lenguaje muy adecuado que identificas como aspecto positivo. Quizá puedas descubrir palabras diferentes para decir lo mismo, y mejorar tus descripciones de producto antes de lanzar la próxima colección. Tu solución no necesariamente es de venta de camisas XL para caballero, pero quizá estás resolviendo la misma necesidad con distinta solución. Tal vez descubras tras esta investigación que puedes generar alguna alianza con algunos de estos negocios, o quizá encuentres algún modelo de negocio innovador que existe en otro país, pero no ha llegado al tuyo.

El problema lo narras iniciando por el nombre de la persona, su necesidad y el propósito: Raúl necesita encontrar ropa de su talla para ir al trabajo y verse formal. La pregunta a resolver la narras iniciando por el cómo, su necesidad, el nombre de la persona y su propósito: ¿Cómo podríamos promover ropa de talla XL para que Raúl pueda ir a trabajar y verse formal? Redacta tu pregunta que te va a servir en el último subcapítulo (*spoiler alert*).

¿Ya identificaste a tu competencia? Piensa en aquellas marcas que resuelven la misma necesidad que tú resuelves. Tienes en la lista empresas o marcas de productos o servicios que pueden ser sustitutos o competencia directa. La forma más fácil de saber si es competencia directa es respondiendo a la siguiente serie de preguntas:

¿Hace el mismo producto o servicio que tú?

¿Produce dinero de la forma que tú haces o quieres ganar dinero?

¿Va dirigido al mismo mercado que tú, incluso por zona geográfica?

Si la respuesta es "no" a las preguntas anteriores, es competencia indirecta. Aunque resuelvan la misma necesidad, no tienen el mismo modelo de negocio o no es un punto de comparación directo, mas no debemos perderles la pista. Por ejemplo, si es una empresa que vende el mismo producto que tú, tiene el mismo modelo de ingresos, pero es una empresa alemana que no tiene presencia en tu país, no la consideraremos como competencia directa.

Marca de un color a tus principales competidores directos (al menos 5). Si aún no los conoces, sigue investigando en línea o, de preferencia, en la zona o punto de venta en donde quieres ubicar tu producto. Puede ser un centro comercial, alguna calle comercial, o incluso en un bazar. Sal y busca al menos tres, de preferencia cinco empresas que identifiques, y completa tu tabla.

La competencia sana siempre es buena. Te ayuda a ti a seguir renovándote y mejorando tu nivel de producto o servicio, y ayuda a tu cliente a tener una mejor oferta, siempre y cuando no se compita por precio. Una vez que entramos a una guerra de precios, es difícil salir y se vuelve contraproducente. Con márgenes tan bajos es difícil seguir siendo sustentable, y perjudica a tu cliente porque encuentra oferta de menor calidad.

VALIDA TUS INSIGHTS

Ya has identificado algunos *insights* en ejercicios anteriores, información valiosa y relevante. Siempre es bueno que te mantengas alerta de nuevas percepciones. Es similar a cuando empiezas el proceso de diseño: partes de la observación para crear tu próxima colección. Igualmente, para tu estrategia, es importante que partas de la observación e investigación.

Para validar la información que recabaste, llegó la hora de hablar con tu musa y descubrir cuál ha sido su verdadera experiencia y cuál es su verdadera necesidad o deseo. Quizá de primera instancia parezca que su necesidad es funcional, que quiere usar un producto cómodo y de buena calidad. Si esta teoría fuera cierta, cualquier producto que cumpla con tal función sería una buena alternativa de compra, así que podría satisfacer su necesidad en cualquier tienda de conveniencia. Pero vemos que no es así, ya que las personas no compran productos, compran estilo de vida y comparten experiencias. Hemos venido hablando de "estilo de vida", entonces quizá no sea sólo una necesidad funcional sino social, tal vez por sentido de pertenencia o *status*. ¿Y qué hay de la necesidad emocional? Cuando tú te compras una crema para la cara, por ejemplo, no sólo la compras para proteger el rostro, sino adquieres juventud o belleza.

Como sabes, hay varias formas de hacer investigación de mercado, y se clasifican en cualitativa y cuantitativa. La cualitativa busca recopilar datos para descubrir detalles que ayudan a explicar el comportamiento, desde observaciones de una interacción hasta citas de personas que los aporten sobre sus experiencias, actitudes, creencias y pensamientos. También se puede representar en palabras, imágenes, vídeo, audio, transcripciones, etc. Transmite la riqueza de los pensamientos y experiencias de las personas. Nos ayuda a comprender el por qué, cómo o de qué manera se da una determinada acción o comportamiento.

La investigación cuantitativa busca cuantificar un fenómeno de forma objetiva. Se enfoca en el comportamiento de una persona respondiendo preguntas como cuántas, con qué frecuencia y en qué medida. Los datos cuantitativos son numéricos y se pueden usar para confirmar o descartar una hipótesis o predecir relaciones. Piensa en cantidades susceptibles de medidas como el tamaño, la cantidad, el precio y la duración. Se analizan y se presentan en tablas, gráficos, porcentajes u otras representaciones estadísticas.

Luego hagamos dos ejercicios cualitativos de empatía con tu musa. El primero consiste en entrar a la tienda en donde te gustaría colocar tu producto y observar a los clientes. Ve cómo se visten, qué preguntan, qué compran, cuánto compran, cómo compran. Observa. Tu objetivo es conocer su experiencia con soluciones actuales, y como segundo ejercicio le harás una serie de preguntas a algún prospecto, con el fin de encontrar más pistas acerca de cuáles son los elementos que más valora.

Primero pídele que te relate una situación en la que se ha presentado esta necesidad o deseo seleccionado; mientras más detalles, mejor. Si es algo cotidiano, que te ayude describiendo un día de su vida en el que se le presenta esa necesidad y cómo busca la solución. Es importante describirlo como proceso. Su relato sería algo así: "Bueno... me levanto, voy a mi guardarropa y me doy cuenta de que no tengo camisas limpias, entonces quizá no tenga suficientes camisas... Decido comprar una camisa nueva y me meto al buscador de mi celular. Ahí descubro que las tiendas en mi ciudad abren en horario laboral, por lo que no me dará tiempo de ir por mi trabajo, y me frustro". La historia puede seguir; anota o graba todo, para posteriormente completar la versión 0 del lienzo de experiencia.

Es importante que describas desde que surge la necesidad hasta que está resuelta. El cliente pasa sucesivamente por el descubrimiento de la solución a su problema hasta que narra su experiencia postcompra. Incluye las acciones que lleva a cabo, en qué canales, qué pensamientos y qué emociones (positivas o negativas) le surgen. Ya que completes el lienzo, incluye una última fila de oportunidades que detectes. Las oportunidades son aquellas necesidades aún no resueltas, o no resueltas de forma óptima.

Valida tus insights

https://www.lauraerre.com/post/valida-tus-insights

Ahora elabora una serie de preguntas más puntuales. Recuerda, si notas que llega a alguna emoción o que hace algún énfasis verbal o no verbal, anótalo también. Puedes incluso poner alguna carita, feliz, no tan feliz, o triste, en tus notas. Algunos ejemplos de preguntas que te pueden ayudar son:

¿Cómo resuelves actualmente el problema?

¿Qué se puede mejorar de la actual solución?

¿En dónde o con quién sueles buscar soluciones?

Ahora pídele que te relate cuál sería la solución ideal, que te ayude a visualizarla, que te la describa a detalle. Una vez que te la narre pregúntale:

¿Cómo te hace sentir? –Al anotar esta respuesta usa adverbios.

¿Para qué lo quieres? –Al anotar esta respuesta usa verbos.

¿Qué te motiva? –Al anotar esta respuesta usa deseos.

¿Qué valoras más de la solución?

¿Cuánto estarías dispuesto a pagar por ella?

¿Qué opinas de estas soluciones? (muéstrale las soluciones que encontraste y que no te haya mencionado antes).

Es importante que entrevistes al mayor número de personas posible para obtener más pistas de cómo piensan, qué sienten, qué escuchan, qué ven, qué dicen, y qué hacen como tu cliente potencial. El cliente potencial o prospecto es toda aquella persona que puede convertirse en determinado momento en comprador (el que compra un producto), usuario (el que usa un servicio), o consumidor (aquel que consume un producto o servicio). Esto es porque presenta una serie de cualidades que lo hacen propenso a ello, necesidades (reales o ficticias), posee el perfil adecuado, dispone de los recursos económicos, o algún otro factor.

También puedes entrevistarte con actores clave. Hay distintos roles que intervienen en una compra: el iniciador, el influenciador, el decisor, el comprador y el usuario. Ya hablamos del comprador y el usuario, pero puedes también entrevistar al iniciador, al influenciador y al decisor. Te voy a narrar un ejemplo, imagina lo siguiente. Va una abuela con su nieto de cinco años al supermercado. Caminando el niño, por su estatura, va viendo un aparador distinto al que ve la abuela. Cuando el niño ve un cereal que llama su atención, voltea con su abuela y se lo pide. El niño es el iniciador, quien desencadena el proceso de compra. La abuela tiene el poder para orientar o modificar la compra del producto, es influenciador. Quizás el cereal es poco nutritivo, y le sugiere otro, que al niño no le convence tanto. Ponen los dos en el carrito, porque no se deciden. Llegan a la caja, donde las espera la mamá del niño, el decisor. La mamá es quien autoriza la compra y les ayuda a elegir el cereal; entonces llega el papá y lo paga, es el comprador. Él se encarga de hacer la compra. Llegando a la casa, el hermano mayor ve la caja de su cereal favorito, se lo sirve y lo come. El hermano es el usuario, la persona a la que está destinado el producto.

Platicábamos que hay distintos tipos de investigación de mercado, también puedes hacer un *focus group*, en el que se reúnen entre cinco y diez personas en una Cámara Gesell, de preferencia, o lo puedes hacer en una sala sin mucho ruido, con cámaras y grabadoras. Inicia con una bienvenida, en la que se presenten todos los invitados. Que te mencionen en orden sus nombres y un par de datos demográficos como edad y estado civil, además de alguna pregunta que rompa el hielo. Lo más importante es que la dinámica fluya como si fuera una conversación en la que el moderador o moderadora guíe las preguntas, conforme al objetivo del estudio. Durante esta hora y media que dure la sesión, debes conocer más acerca de los hábitos de consumo de los invitados que elegiste, o por ser parte de tu muestra o por formar parte de la tribu de tu musa.

Haz preguntas para responder:

- Lo que compran (clasificación).
- Por qué lo compran (motivo).
- Cuándo lo compran (hábito).
- Dónde lo compran.
- Con qué frecuencia lo compran.
- Cómo lo evalúan.
- Cuán a menudo lo usan.

Por ejemplo, cuando una mujer va a buscar un vestido de novia, usualmente va o con su mamá o con su mejor amiga. Si el problema que encuentras es que las novias cada vez tienen menos tiempo de comprar en tiendas físicas, invita a un grupo de novias –y quizá también a las mamás de las novias– para que te platiquen cuál es su experiencia actual y si es que tu solución propuesta les parece bien. Lo más importante es que anotes todas las propuestas que surjan en la conversación, porque seguro se armará una discusión interesante que te resolverá algunas dudas y te dará algunas ideas nuevas de problemas que no te imaginabas o de elementos a implementar en tu solución sugerida.

Investigación de mercado

https://www.lauraerre.com/post/investigacion-mercado

TIPOS DE INNOVACIÓN

Hay quienes relacionan la palabra innovación con tecnología, pero se quedan cortos. Innovar es introducir algo relevante y nuevo –o significativamente mejorado– al mercado. Podemos innovar nuestro **producto** usando nuevos materiales o tecnologías y combinándolo con algo existente para hacerlo más funcional, lo cual incluye alteraciones significativas en las especificaciones técnicas, en los componentes, en los materiales o en otras características funcionales.

Las grandes marcas de calzado deportivo en el mundo están buscando situarse a la vanguardia con materiales cada vez de mejor calidad y funcionalidad. Tienen un departamento enfocado en investigación y desarrollo de nuevas hormas, nuevos materiales y nuevas tecnologías qué aplicar a sus productos a fin de que traigan nuevos beneficios para los atletas de la actualidad. A su vez, hay marcas que incluso implementan tecnología al calzado para generar datos como el número de kilómetros recorridos, los pasos diarios, entre otras aplicaciones del internet de las cosas. Imagina que eres una nueva marca de calzado y no necesariamente quieres competir por producto.

También podemos mejorar nuestro sistema de productos, agregando servicios y productos complementarios a nuestra oferta para hacerla más holística. Esto lo hacemos con frecuencia. Por ejemplo,

Mariana tiene una marca de trajes de baño, y decide agregar a su nueva colección algunas faldas y vestidos que complemente su oferta actual. Quizá incluso agregue un servicio de personalización para ocasiones especiales como despedidas de solteros.

Puedes innovar en la **marca**, aumentando las ventas al posicionarte con una estrategia clara, al satisfacer mejor una necesidad o implementar un método de comercialización novedoso.

Cierra los ojos unos instantes y piensa, ¿cuál es tu campaña de mercadotecnia preferida? ¿Cuál es tu marca favorita de perfume? Esa marca seguramente lo está haciendo muy bien. Hay empresas que invierten millones de dólares para producir una campaña. Piensa por ejemplo en esa marca de perfumes con esa actriz o ese actor famoso que busca distinguirse de entre el resto, y lo logra. Hay una marca de calzado deportivo que lanzó una campaña con un basquetbolista, quizá la recuerdas; ha sido de sus mejores campañas en la historia: *Nike* y Michael Jordan. Ahora piensa en qué harías tú con tu marca de calzado.

Puedes también innovar tu **modelo de negocio**, ¿cómo más puedes generar ingresos? Hay empresas que no sólo venden calzado, sino que idearon una forma de vender suscripciones, o armar una red de vendedoras a nivel nacional para comercializar a través de catálogos, o hay empresas que rentan trajes, por ejemplo, en lugar de venderlos. Son distintas formas de generar ingresos de un mismo producto. Piensa en alternativas para el tuyo.

Piensa también en tus **redes y alianzas**. ¿Has discurrido acerca de quiénes podrían ser tus mejores aliados estratégicos? Piensa en uno –una empresa o persona competente– a quien quizá conozcas o puedas llegar a conocer; incluso puede ser uno de tus proveedores, con quien puedas llegar a algún convenio que detone tu proyecto. Puedes sacar ideas del mapa mental que hicimos en ejercicios anteriores, quizá lo hayas anotado en alguna de las ramas. Hay todo un capítulo en el que vamos a trabajar con tu red de contactos. Las relaciones que has ido formando hasta hoy te pueden ayudar a crecer tu proyecto. Colaboraciones como la de Elsa Schiaparelli y

Salvador Dalí son uno de los ejemplos de este intercambio artístico. Louis Vuitton con *Supreme* en 2017, o Moschino y *H&M* en 2019.

La innovación de **organización** se refiere a una decisión estratégica de dirección relacionada a la alineación de activos y talentos. Puedes mejorar la gestión del conocimiento, formación, evaluación y desarrollo de los recursos humanos, gestión de la cadena de valor, reingeniería de negocio, gestión del sistema de calidad, entre otros.

Hay empresas que invierten, por ejemplo, en su talento. Piensa en una marca transnacional como C&A, en donde reciben cientos de solicitudes de trabajo y eligen a los mejores; los capacitan en Europa y los contratan con prestaciones que les permiten mantener al mejor talento alineado a sus objetivos de productividad y servicio al cliente. ¿Qué puedes hacer para diseñar y fortalecer una cultura organizacional única? Tal vez convertir tu empresa en la mejor empresa para trabajar de entre todas, y que sea tu principal distintivo.

Podemos mejorar algún **proceso** a través de un método distintivo o superior para: mejorar la calidad, reducir los costos, producir o distribuir los productos de forma más eficiente. Hay marcas de moda con presencia internacional –como *Primark*– que han logrado reducir sus costos de tal forma que dejan fuera a muchos otros competidores que no tienen la posibilidad de negociar precios tan bajos con sus maquilas. Sus procesos de producción y logística les permiten mantener precios bajos, siempre.

La innovación de **servicio** busca complementar la oferta a través de soporte o personalización. Un bolso *Birkin* tiene garantía de por vida, aumenta su valor con el paso del tiempo. No pierdas de vista la escalabilidad de tu negocio, que el cliente sienta que el producto está diseñado a la medida no quiere decir que el producto tenga que ser un lujo; puedes diseñar una forma de establecer parámetros de personalización.

Innovación de **canal** refiere a cómo tu oferta se entrega a tus clientes y usuarios. Hay empresas cuya estrategia es abrir una sucursal en cada centro comercial; esto genera presencia de marca y facilita la entrega-recepción del producto o servicio. A su vez, hay empresas que implementan canales digitales y ofrecen ambas opciones de entrega, en sitio o en casa. Si aún no tienes canales propios, piensa en cómo puedes complementar la experiencia de compra de tus clientes en aquellas tiendas multimarca o puntos de venta en los que estés ofertando tu producto o servicio. Hay empresas que venden a través de catálogos, empoderando a mujeres y hombres, formando una red de vendedores.

Creo que si te menciono la palabra: "**experiencia**" se te vienen a la mente un par de empresas. Piensa en la primera que te vino a la mente, ¿cómo es que cuidan cada detalle para hacer de tu experiencia una experiencia única? Piensa en las distintas interacciones que fomentas para mantener a tus clientes comprometidos. Una empresa que me gusta mucho cómo adaptó su experiencia de compra en línea es *Ben & Frank*. Uno de los principales retos para el comprador es no poder probarse el producto antes de comprar. Así que ellos decidieron enviar cuatro lentes a tu casa y, una vez que te los pruebas, puedes devolver sin ningún costo los que no te gusten o queden.

La innovación es un proceso continuo que puede ser radical o incremental. Elijas cual elijas, debes asignar un presupuesto e implicar a gente, ya sean colaboradores, proveedores, aliados, o incluso a los clientes. Es un proceso continuo de prueba y error; incluso algunos autores sugieren equivocarse rápido para aprender rápido. Idealmente, prueba con una versión reducida de la solución propuesta, le puedes llamar versión *beta*. O incluso puedes hacer un prototipo para invertir el menor número de recursos posibles y obtener retroalimentación de tus clientes cuanto antes.

PROPUESTA DE VALOR

Ya tienes una buena idea de qué puedes ofrecer; no sólo en el producto, sino en la marca, la organización, los procesos, el sistema, el servicio, los canales y la experiencia. Y para cerrar el capítulo con broche de oro te comparto algunos ejercicios de *design thinking* que puedes trabajar antes de definir tu propuesta de valor.

Ten a la mano la lista de necesidades y percepciones obtenidas en ejercicios anteriores, y la declaración del problema o una situación real de tu musa, de nombre Raúl, ¿lo recuerdas? La pregunta a resolver es: ¿Cómo podríamos promover ropa de talla XL para que Raúl pueda ir a trabajar y verse formal?

Empieza haciendo una lluvia de ideas radicales para resolver el deseo de Raúl. Puedes anotar ideas, igualmente puedes bocetar, hacer un collage con imágenes, noticias, y que sean lo más radicales que imagines.

Si no se te ocurre qué dibujar es hora de usar otro método que te ayudará a que fluyan ideas aún más radicales. ¿Qué pasa si imaginas a tu superhéroe favorito resolviendo el deseo de Raúl? ¿Cómo lo resolvería él o ella? ¿Y si imaginas a tu personaje preferido de dibujos animados? ¿Y si imaginas a tu hermana o la prima menor de la familia? ¿Cómo lo resolverían? Ahora imagina a la persona que más admiras, ¿qué haría él o ella? ¿Y tu novelista predilecto?

Otro ejercicio puede ser ilustrar con personajes una historia en la que describas el contexto en el que se usará tu producto o servicio; úsalo como referencia para sacar nuevas percepciones o *insights*. Si puedes hacerlo con un par de personas más es aún mejor, para que surjan ideas diferentes que puedas ir enlistando en un tablero creativo. Uno de ustedes puede actuar como si fuera Raúl, que se ponga en sus zapatos, en un contexto real del personaje, y actuar en una situación en concreto en la que surja el problema. Háganle preguntas, interactúen con él. O si tienes a Raúl cerca pídele que te ayude. Primero que actúe la situación en la que se presenta esta necesidad, después platícale la solución y que les ayude a proyectar el futuro de tu empresa, a predecir los retos que puedes enfrentar respecto a diseño y la relación con clientes.

Design thinking

https://www.lauraerre.com/post/design-thinking

Y ahora es momento de sintetizar la propuesta de valor en una frase:
(Nombre de tu musa)
necesita una forma de
(necesidad o deseo)
porque / pero
(pista o "insight")
Es por ello que nace
(tu marca)

Y complétala con tu Espejo WHOWWW:
Nuestro propósito es
(tu propósito)
a través de
(cómo)
ofreciendo
(solución a la necesidad o deseo)
Queremos
(metas, iniciando por tu meta a largo plazo)
cuidando
(impacto positivo).

Propuesta de valor

https://www.lauraerre.com/post/frase-valor

Capítulo 3
EXPECTATIVA

La pregunta clave es: ¿Cómo logramos superar la expectativa del cliente? Para ello el enfoque debe estar en satisfacer *mejor sus necesidades y deseos, sin perder de vista la rentabilidad, novedad, escalabilidad y viabilidad del proyecto.*

Shantal, una emprendedora tapatía, insistía en que ella vendía vestidos de noche. Shantal conoce su producto mejor que nadie, busca materiales de calidad y acabados excelentes. Ahora bien, pensemos que detrás del vestido hay una clienta, y esta clienta tiene una necesidad y va más allá de proteger al cuerpo del frío con un pedazo de tela. Ella recibe a cada clienta, la mide, la observa, le dice qué la haría lucir cada característica de su cuerpo y le diseña un vestido a la medida. La acompaña hasta que la hace sentir segura y radiante para su próximo evento.

Cuando hicimos este ejercicio, nos dimos cuenta de que Shantal vende empoderamiento. Es muy importante conocer qué vendes, porque puede haber miles de tiendas de venta, e incluso de renta de vestidos de noche en la ciudad, pero no hay otra Shantal que personalice la experiencia a un precio accesible.

¿Para qué conocerlo? Para saber comunicarlo, ya que es lo que llamará la atención de mi musa y puede ser la clave para convertirlo en cliente.

TABLA BENCHMARKING

Es tiempo de definir lo que te hace diferente al resto de competidores, haciendo una tabla de *benchmarking*. Primero, enlista aquello que valoran tus clientes de las distintas soluciones. Te pido que especifiques diez atributos, por ejemplo: personalización, calidad, variedad, locación, precio, rapidez de entrega, seguridad, servicio, garantías, o políticas de devolución.

Enlístalos por orden de relevancia para tu cliente o prospecto, empezando por el más sobresaliente, y los vas a colocar en una tabla, en la que evaluaremos a tu competencia directa y a tu empresa. Se los preguntaste en la primera validación, ¿recuerdas? Cuida que sean medibles, evita que sean generales o relativos. También es importante que, al elaborar esta tabla, seas lo más crítico posible.

Tabla benchmarking
https://www.lauraerre.com/post/tabla-benchmarking

Del 0 al 5 califica a cada empresa, siendo el 5 el mayor puntaje acerca de cómo es que satisfacen cada atributo. Esta tabla te ayudará a tener mayor claridad del diferenciador de cada competidor, así como del tuyo. La competencia que elijas para esta tabla es aquella con la que actualmente te compararían; no incluyas las marcas internacionales que aparentemente ya hacen todo excelente, sino las que están en crecimiento. Al responder tu autoevaluación es importante que no tengas 5 en todo, sino en aquel atributo en el que realmente estás invirtiendo –o quieres invertir– para convertirte en la mejor marca en X.

Si seguimos con el ejemplo de Shantal, habría que enlistar por columnas a sus competidores y por filas a aquellos atributos que a sus clientas más interesan al elegir su casa de novias. A cada atributo le daremos una calificación, siendo 5 la mejor calificación y 0 la menor. Si nunca has comprado o visitado a tu competencia, ve. Hazte pasar por cliente; se le llama "comprador misterioso". Entra y pregunta por aquellos productos que quieras comparar. Y no sólo compares la calidad, tela y diseño de los productos, sino que analiza también el servicio, la atención, la variedad, y todos aquellos atributos que enlistaste en el ejercicio anterior. Por ejemplo, Shantal enlistó a distintas casas de novias y eligió los siguientes atributos: confianza, variedad de diseños, calidad en materiales, servicio al cliente y ubicación.

Una vez que hayas completado el ejercicio reflexiona unos minutos: ¿Qué puedes analizar de tu tabla? ¿De qué te diste cuenta? ¿Cada vez tienes más claro tu valor agregado?

Haz otra tabla en la que colocarás a los mismos competidores, pero en vez de atributos vas a poner los cinco productos o servicios estrella de tu marca. Por ejemplo, si eres una marca de lentes, tus cinco modelos más vendidos. Aunque los diseños varíen y se actualicen, mantienes algunos modelos en el tiempo. Enlístalos, y ahora incluye los precios o rangos de precio de cada uno de tus competidores en relación al tuyo. Este ejercicio guárdalo y lo vamos a volver a revisar y usar más adelante, en próximos capítulos.

LA CAJA MORADA DE COMPRA

Tan importante es vender como que te compren. Detrás de una compra hay personas, y detrás de las personas hay un contexto al que llamaremos "la caja morada de compra". La caja morada de compra representa todas aquellas razones por las que una persona compra o no nuestro producto o servicio. Si no compra el nuestro quizá compre el de nuestra competencia, y muchas veces es por factores que no podemos controlar.

Esta caja morada tiene cosas positivas y áreas de oportunidad, elementos externos e internos. Los externos tienen que ver con temas políticos, legales, tecnológicos, ambientales, sociales, culturales, económicos y demográficos. Enlisto algunos factores:

Demográficos:

- Crecimiento poblacional
- Edad, sexo, tamaño de familia, ingresos, educación, raza, natalidad, mortalidad, migraciones...
- Impacto sobre costumbres y consumo.

Económicos:

- Indicadores: PIB, PIB per cápita, tasa de inflación, tipo de cambio, tasa de interés, tasa de desempleo
- Distribución de ingresos y poder adquisitivo
- Patrones de gasto y consumo.

Socioculturales:

- Valores culturales principales y secundarios
- Consumo
- Rechazo cultural
- Religión
- Rol de la mujer.

Políticos y legales:

- Legislación, gobierno y estabilidad jurídica.
- Impuestos, propiedad intelectual y patentes, apertura comercial, legislación publicitaria y defensa del consumidor, legislación para productos específicos.

Ambientales:

- Escasez de materias primas
- Costo y fuentes de energía
- Contaminación ambiental
- Control gubernamental de recursos naturales

- Reciclaje.

Tecnológicos:

- Procesos productivos
- Plataformas de comercio electrónico
- Avances en electrónica, informática y telecomunicaciones: Índices y horizonte de obsolescencia de tecnologías actuales

Por ejemplo, si yo estoy vendiendo ropa de hombre en tallas grandes, un factor demográfico que me afecta de forma negativa es la costumbre que se está propagando en varias ciudades del país acerca del tema *fitness*, del ejercicio físico. Me está afectando de forma negativa la inestabilidad económica del país y me está afectando de forma positiva el nuevo rol de la mujer que, con mayor nivel adquisitivo, puede consumir más de mi ropa que su pareja. Si yo importara mis productos debería considerar el tema arancelario, e idealmente medir el impacto ambiental. A su vez, es una oportunidad el que surjan cada vez más plataformas y herramientas tecnológicas que me permitan comercializar mis productos.

Dentro de la caja morada también hay elementos internos que tienen que ver con tu competencia, proveedores, clientes, intermediarios, o incluso más internos con tu precio, producto, locación, promoción y experiencia. Los factores internos sí dependen en cierta parte de ti. Podríamos desglosar tus procesos y buscar cómo mejorar uno por uno para ofrecer una mejor solución, aunque eso lo haremos en el siguiente capítulo.

Por ejemplo, un factor positivo para la marca de tallas grandes puede ser que esté asociado con un *influencer* que tiene un canal de youtube donde explica cómo preparar platillos mexicanos y, precisamente, detectó la necesidad porque no encontraba dónde comprar ropa. El *influencer* es una persona con credibilidad sobre un tema concreto y en una comunidad determinada. Esa es una ventaja, porque ya tendría clientes potenciales cautivos. También podría ser un factor negativo el que no contara con experiencia en el ramo del vestido.

Para hacer el siguiente ejercicio es importante que, al elegir uno de los factores externos, pienses: ¿es igual para mi marca y mi competencia directa? La respuesta debe ser "sí".

La caja morada

https://www.lauraerre.com/post/_foda

DISEÑANDO LA EXPERIENCIA

Una vez teniendo claro el qué y el para qué, habrá que detallar el cómo. Y para iniciar procura no complicarte mucho la existencia. Vas a tomar una servilleta de casa, un par de lápices de colores, una pluma o plumones. En esta servilleta vas a explicar –con el menor texto posible– la solución que ofreces; de preferencia usa dibujos o garabatos. Si le fueras a explicar con dibujos a tu sobrino de siete años lo que estás resolviendo con tu marca, ¿qué dibujarías?

Ahora sí, si tienes a tu sobrino, hijo, mamá o tía cerca, muéstrales tu servilleta, ¿qué entienden? Así de claro debes tener tu negocio. Dale la vuelta a tu servilleta. Ahora dibuja cómo ves tu negocio en cinco años. Igual de simple, con dibujos de bolitas y palitos, como se te ocurra, ilustra tu visión; pon como título en grande qué año sería y tómale foto a tu servilleta por ambos lados.

La servilleta

https://www.lauraerre.com/post/servilleta

Vas a empezar a diseñar la experiencia y a colocar tres cosas frente a ti: el collage de tu musa, el mapa mental de tu tribu y la servilleta con la solución de hoy. Vas a tener a la mano los análisis de aquellas investigaciones, entrevistas y encuestas que hayas realizado. Vas a tomar una hoja blanca y una pluma, y representar en un diagrama el proceso completo que vive tu cliente o prospecto, desde que sabe de ti hasta que adquiere alguno de tus productos. En el capítulo uno hiciste el proceso que tú llevas a cabo como empresa; en el capítulo dos, validaste algunos de los pasos que llevan a cabo tus prospectos en la versión 0 del lienzo de experiencia; y, en este capítulo, es hora de que diseñes la primera versión de tu lienzo de experiencia. Lo puedes hacer en el formato que quieras, incluso enumerar los pasos:

¿Cómo busca tu cliente el producto o servicio que ofreces? Quizá lo busque en un supermercado, en una tienda específica ya sea física o en línea, en un buscador en su celular o en su computadora, o en alguna red social.

¿Cómo te encuentra? En algún anaquel del supermercado, en alguna tienda multimarca, ya sea física o en línea; en un banner en el mismo buscador en su celular o en su computadora, o encuentra tu red social. Sé específico, estás trazando un proceso.

¿Qué es lo que hace al llegar? ¿Qué encuentra? ¿Cómo le ayudas a tomar la decisión de compra? Si te encontró en el supermercado quizá te compra algo, o tal vez incluiste alguna promoción en el empaque para que te siga en alguna red social. Si te encontró en alguna red social, ¿allí mismo induces a la compra o lo diriges a tu página web? Si te encontró en algún banner, ¿lo redirige a tu página web o a alguna red social?

Una vez que está en el sitio de compra, ¿qué hace? ¿puede comprar? ¿cómo es el proceso de compra? Descríbelo paso a paso.

Hay marcas que transcurren años vendiendo a través de sus redes sociales, incluso sin carrito de compras, por mensajes privados. El proceso de compra usualmente inicia cuando el cliente encuentra tu marca en alguna red social, pide más información en algún comentario; se le manda mensaje privado con la información que requirió, se le solicita algún dato de contacto y su lugar de residencia para cotizar el envío, se le hace llegar la información de pago, se confirma por whatsapp su contacto y pago, se le da la información de envío o recolección y el cliente confirma de recibido.

Si colocas cada paso en una columna, puedes observar cómo los canales por los cuales estás recibiendo y enviando información son distintos. El cliente pasa del buscador a tu página en alguna red social, de tu página en la red social a tu inbox o messenger, de tu messenger a tu página web, de tu página web al whatsapp, e incluso una vez que te compró quizá le envíes un correo agradeciendo su compra y enviándole nuevos productos de futuras colecciones.

Cada uno de estos medios y puntos de contacto se deben cuidar a fin de mejorar tu comunicación con los clientes, para cada vez generar más confianza y hacer más eficientes los procesos. Por ejemplo, tal vez en un inicio vas a mandar un mensaje de bienvenida personalizado, o enviar tus datos de pago copiando y pegando del último mensaje que enviaste, y te tardes en buscar, copiar, pegar, transcribir. Si haces este ejercicio a conciencia, puedes planear que el mensaje de bienvenida se mande en automático con algún bot, que los datos bancarios sean una imagen con tu logotipo y que tu página web sea más eficiente para que el usuario tenga una mejor experiencia de compra.

Cada paso del proceso lleva una evaluación de la experiencia actual, puede ser algo tan simple como imaginar las emociones de la persona que lo narra: ¿carita triste, tranquila o feliz? Siempre hay áreas de oportunidad de mejora. Procura encontrar, a través de tu experiencia, formas creativas de convertir las caritas tristes en tranquilas y después felices. Es por ello que el lienzo de experiencia incluye las acciones, pensamientos, emociones y oportunidades. Por ejemplo, si tu musa al buscar un calzado no sabe cómo elegir su talla, agrega al sitio una tabla de tallas. Se parece un poco al ejercicio en el que tu musa te relataba su historia, solo que esta es tu oportunidad de diseñarla y mejorarla. Ahora bien, recuerda que el proceso no termina en cuanto el cliente compra, sino que continúa como un ciclo, ¿cómo harás para que el cliente recompre?

Lienzo de experiencia
https://www.lauraerre.com/post/lienzo-experiencia

Hace un año trabajé con Jessica, una emprendedora de Zapotlanejo, ciudad productora de ropa, principalmente. Ella tiene una hija preadolescente. Su esposo tiene una empresa de fabricación de ropa, y ella quiso lanzar una marca propia aprovechando la infraestructura que ya tenían. La marca es para niñas, y parte de su experiencia la fue diseñando con base en la historia y gustos de Darla, personaje principal de la marca. Empezamos a hacer este ejercicio y nos dimos cuenta de que cada etapa de su experiencia de compra la inspiraba en su hija, y cómo podían interactuar juntas a lo largo de la compra y la recompra. Diseñó una historieta y actividades que pudieran hacer en conjunto mamás e hijas, como crucigramas y dibujos. Esto lo incluían en la página web para descargar y agregaban algunas muestras al envío, de manera que la marca formara parte del día a día de ambas; eso originaba una experiencia completamente nueva y que la marca fuera difícil de olvidar.

MIDIENDO LA EXPERIENCIA

Shantal ya tenía gran avance, más de cuatro años diseñando y vendiendo vestidos de noche y más de ocho años en la industria de la moda. Ella encontró su vocación empoderando mujeres a través de sus diseños a la medida, y encontró un nicho en vestidos de noche y de novia. Comprobó la oportunidad diseñando el primer vestido para una clienta, después ella la recomendó con otra, y así, hasta que decidió abrir su taller y empezó a contratar más costureras que le ayudaran a confeccionar más vestidos.

Si ves, es un crecimiento orgánico: empezó con un pequeño taller y se convirtió en gran taller comercial, y las redes sociales le han ayudado bastante a crecer exponencialmente, incluso sin requerir más infraestructura.

Puede ser que creas que tu idea es muy compleja, que requiere mucha inversión, o que tardará mucho en poderse hacer tal como tú la tienes en mente. Es por ello que vas a trabajar con un prototipo para validar que sea lo que tu musa esperaba, o que supere sus expectativas. Puede ser una serie de bocetos, una página web, un perfil en Facebook o Instagram, o una presentación de tu proyecto. Un prototipo puede ser un muestrario, un libro o folleto con ilustraciones, *renders* o fotos; todo aquello que ayude a tu cliente a visualizar tu proyecto, que lo haga tangible. Es importante que en esta etapa no gastes mucho; es una pequeña inversión que te permitirá darte cuenta del interés de tu cliente ante tu producto o servicio, qué dudas le surgen, cómo reacciona al precio, cuánto está dispuesto a pagar.

Todas las reacciones son buenas. Por ejemplo, si hiciste una muestra de tu producto y le pides a un cliente potencial que se lo ponga, es importante observar cómo se lo pone, la primera reacción cuando lo ve, cómo interactúa con él cuando lo tiene puesto. De preferencia pídele que te narre en voz alta todo lo que siente y ve, lo que le preocupa, con quién le gustaría presumirlo, en qué ocasiones lo usaría, si algo le estorba o molesta. Todo aquello que diga documéntalo. Si te dice que se ve difícil de planchar –y coincide con los comentarios de varias personas más– aún estás a tiempo de cambiar la tela. Si te indica que le molesta el resorte o que le es difícil desabrochar la hebilla, puedes todavía cambiar ciertas piezas de tu prenda, calzado o accesorio.

Si tu prototipo es una página web y lo vas a validar con algunos clientes potenciales, igualmente pídeles que te narren en voz alta qué piensan, qué sienten, qué les cuesta trabajo entender o encontrar al navegar en tu sitio. Si es una tienda en línea, por ejemplo, ver cómo interactúan con el sitio. Todo esto nos puede dar pistas de sus motivaciones, sus preocupaciones y su lógica. También nos sugiere qué es más amigable, qué es visualmente más atractivo; si tu sitio es de ágil manejo, analiza el tiempo promedio que tarda en encontrar lo que buscaba; en pagar, si la categorización es clara o confusa, y el índice de rebote. Lo importante es aprender qué oportunidades hay para mejorar la funcionalidad, el servicio o alguna parte del proceso.

Incluso puedes hacer una narración de tu tienda física. Les pides que cierren los ojos y narras el espacio, los muebles, los colores. También puedes hacer un *moodboard* o un collage. Todo aquello que te ayude a darle vida a tu idea, proyecto o experimento.

Documenta todo lo que ocurre. Cualquier comentario, pregunta, risa, gesto, ¿les sorprendió algo?, ¿les decepcionó algo? No debes tener la respuesta a sus preguntas o quejas, aún no es el momento, sólo hay que mejorar o cambiar por completo tu estrategia. Este paso es importante: equivócate rápido, aprende más rápido.

Si ya tienes un producto y estás lanzando una nueva línea, una colección cápsula, o estás experimentando algo nuevo, valídalo en algún bazar o expo. Validar es dar una probada al cliente de lo que tienes o puedes llegar a tener, es medir la experiencia. Prepárate para recibir retroalimentación y seguir mejorando tu idea. Si es entrevista uno a uno, aprovecha para preguntar aquello que tú crees que es verdad, pero quizá no lo es. Le vamos a llamar hipótesis. Lo más importante es aprender, observar, preguntar y probar el producto o servicio de forma imparcial, buscando dar y recibir retroalimentación al mismo, con ánimos de mejorarlo o renovarlo.

Ayer cité a Mariel y a Kenia en un café que me encanta. El ambiente es relajado, la música ayuda a concentrarte en lo tuyo, paredes y decoración blancas con un mural de toda una pared en tinta dorada. No es muy amplio y no es muy pequeño, hay suficientes sillas y mesas para que te sientas acompañado, mas no apretado.

Hay buen internet, aire acondicionado, el café y los postres son su especialidad. El matcha frappé y la crepa de jamón serrano me supieron deliciosos, me los tomé justo antes de que llegaran ambas socias, mientras terminaba de mandar un par de correos. Mariel y Kenia están lanzando una marca de joyería sustentable hecha de materiales reciclados como el pet. Tienen experiencia en la parte técnica, y debemos validar que en la parte comercial su marca, producto y experiencia sean adecuados para su musa.

Lo primero que vamos a realizar es una entrevista uno a uno. Les recomendé la entrevista –que es una investigación cualitativa– para que aterricen todas aquellas dudas de hipótesis que me relataron sin muchos antecedentes. El objetivo de esta investigación es validar los hábitos de compra de una marca de joya sustentable. Les pedí que dedicaran tiempo a escuchar persona por persona acerca de cuál es su experiencia de compra con preguntas como: ¿dónde compras? ¿cuánto gastas? ¿cómo es tu experiencia? ¿qué otras marcas conoces? ¿qué te gusta y qué no te gusta? ¿con qué adjetivos relacionas la palabra sustentabilidad? ¿consumes productos sustentables? ¿cuáles? ¿en dónde?

Si lees con detenimiento, cada una de estas respuestas nos ayudará al elaborar nuestra primera encuesta. Necesitamos la "antesala" a una encuesta con preguntas de opción múltiple o preguntas cerradas. Además, nos da pistas para saber si nuestra hipótesis es verdadera o no. Una vez que tengamos más claridad de lo que buscamos en una encuesta realizaremos las preguntas cerradas de esta investigación cuantitativa. Una encuesta empieza con un par de preguntas filtro y demográficas, en las que definimos si el encuestado es nuestro mercado potencial o no: sexo, edad, estado civil y ciudad. Posteriormente, preguntas generales que vayan siendo cada vez más específicas hasta terminar narrando brevemente lo que hacemos para determinar aquello más específico.

Lo interesante es que Mariel y Kenia ya tenían muestras de sus productos, habían estado realizando pruebas con un par de proveedores, así que lo ideal era presentarlos directamente en un bazar o expo. Un espacio comercial es ideal para pedir opinión acerca del diseño, materiales, colores, precio, e incluso competencia que no habías contemplado. Para ellas, la primera expo fue un cúmulo de aprendizajes. Entendieron que el cliente quería ver más variedad, que la percepción del producto no era de una marca de alta gama, así que se trajeron mucha tarea para aplicar cambios y mejoras del modelo de negocio. Y esto no hubiera sido posible sin preguntas como: ¿Qué opinas de nuestra nueva colección de productos?

¿Cómo sabes cuando algo tiene sentido y puede ser una oportunidad? La gente asiente con la cabeza, queda pensativa o se sorprende. Esto significa que estás haciendo algo diferente. Muchas veces la gente se queda sin habla, no sabe qué responder, qué refutar. Cuando sientes que vas en la dirección correcta, también vas a recibir propuestas. Empieza a contarle tu proyecto a gente desconocida, o incluso a tus amigos y familiares. No tomes a mal sus preguntas o comentarios, al contrario, estás en etapa de anotar todo y cuestionártelo, de recibir retroalimentación, positiva y no tan positiva, para mejorar la idea lo antes que se pueda.

Comparte tu experiencia con la comunidad, nos encantará conocer tu prototipo, ¿cuál fue la pregunta más extraña que escuchaste durante tu validación?

Prototipo y validación

https://www.lauraerre.com/forum/validando-mi-idea

PLANEACIÓN ESTRATÉGICA

Cuando Jessica me platicó por primera vez su proyecto, me compartió lo importante que era para ella su hija y cómo la inspiraba a desarrollar una marca a la que incluso le puso su nombre. Al diseñar el concepto de la marca le iba pidiendo consejos a su hija, y comenzaron a pasar tiempo de calidad juntas. Esto es lo que más la motivaba del proyecto, puesto que dicha experiencia empezó a darle vida a un concepto de marca de ropa. Jessica se visualiza en cinco años promoviendo el tiempo de calidad de madres e hijas a través de una marca de ropa de calidad para niñas. Esta es su visión.

Un emprendedor es el que prevé un futuro ideal y lo construye. Ya diseñaste el futuro de tu industria al inicio de este libro, ¿y el de tu marca? Pensemos en ese futuro ideal, le llamaremos "visión". ¿Cómo quieres trascender a través de tu negocio? ¿Qué quieres llegar a hacer o transformar?

Vamos a tomar como referencia e inspiración tres ejercicios anteriores:

1. Tus metas de aparador y tus metas de taller
2. Tu espejo WHOWWW
3. Tu servilleta del lado del futuro de tu marca.

¿Qué lees entre líneas? La visión es la frase que genera más impacto de tus metas de aparador, usando como referencia la esencia de tu marca y cómo ves el futuro de la misma. Piensa que la visión es la frase que va a inspirar a tus clientes, empleados y proveedores. Anótala en lo que tengas a la mano, léela un par de veces durante estos días, ¿te inspira? ¿te motiva? Así como te motiva, ¿inspira a otros?

Ahora falta aterrizar la misión de tu empresa o marca, responde a la pregunta ¿quiénes somos? Transmite el sentido de pertenencia: ¿por qué existimos? La misión es la razón de ser de tu empresa: ¿cuál es tu negocio? ¿qué es lo que estás haciendo mejor que nadie? ¿qué te inspira? Sé breve y concisa, incluyendo aspectos como producto o servicio, responsabilidad social, clientes, valores y crecimiento esperado. Puede ser máximo un párrafo de largo.

La misión de Jessica era desarrollar una marca familiar de prendas hechas en México, cuidando el diseño y la calidad en sus procesos de manufactura, fomentando la responsabilidad social y la convivencia, formando un equipo de trabajo sólido y comprometido con el desarrollo de su entorno. A raíz de tu misión y visión empezarás a trazar tu ruta, el cómo llegar a eso que se plantea es tu planeación estratégica.

Aterriza tus metas en acciones concretas y ponles fecha. "Cuando hablas de tu proyecto, es un sueño. Cuando lo planeas, es posible. Cuando lo visualizas, es probable. Cuando lo agendas es REAL".

Planeación estratégica

https://www.lauraerre.com/post/planeacion-estrategica

Una meta debe ser SMART: simple, medible, específica (en inglés *accurate*), realista y en tiempo definido. Puedes elegir metas administrativas, comerciales, operativas, o gerenciales. Y usualmente debes pensar primero a largo plazo, para ello parte de la visión acerca de cómo quieres estar en cinco años. Ahora a mediano plazo, cómo quieres estar en tres años. Ahora enlista aquellas tres metas sobre las que quieras trabajar este año.

Por ejemplo:

Meta 1: Generar ventas de $100,000 al cierre de año

Meta 2: Lanzar mi marca

Meta 3: Reducir los costos operativos en un 10%

Si tienes más metas escritas en el ejercicio te pido que elijas aquellas tres –máximo cinco– que más estratégicas sean para esta etapa de tu negocio. Es importante mantener el enfoque y más de cinco pueden distraer esfuerzos. No es que no vayas a realizar el resto, pero este año concéntrate en las más estratégicas. Así es como cumplirás tus mayores propósitos, teniendo metas claras, ambiciosas y realistas. A partir de las metas, piensa en los objetivos para cumplir cada una de ellas, cada una con sus indicadores de desempeño (KPI: *Key Performance Indicator*).

Los objetivos pueden ser financieros; por ejemplo, si quieres crecer, debes invertir y sacrificar el flujo durante ese año; si quieres sostener el negocio, debes mantener a tus clientes actuales; o si quieres cosechar, debes generar flujo de efectivo. Hay también objetivos dirigidos al cliente, como la cuota de mercado, la retención de los clientes, el incremento de clientes, la satisfacción y rentabilidad de los clientes.

También puedes elegir mejorar algo del proceso midiendo la innovación, las operaciones o el servicio postventa. En innovación, se puede medir la identificación del valor, la creación de uno o varios productos o servicios, incluso el éxito de dichos productos o servicios. Las operaciones tienen que ver con la construcción de estos productos o servicios, así como su entrega a través de los distintos canales. El servicio postventa tiene que ver con garantías, devoluciones, pagos, reparaciones.

Hay otro rubro que tiene que ver con aprendizaje y crecimiento. Las capacidades, productividad, satisfacción y retención de los colaboradores son algunos rubros a medir. Debes estar alerta de la motivación, delegación de poder y coherencia de los objetivos, aspectos que repercuten directamente en el clima laboral. E implementar indicadores de mejora, de trabajo en equipo, e incluso de sugerencias hechas por algún miembro del equipo y puestas en práctica. Estos indicadores motivarán al equipo a seguir aportando ideas de cómo crecer la organización.

Los KPI's son los métricos acerca de cómo vas a medir y analizar los resultados en el tiempo planteado. Por ejemplo:

- Meta 1: Generar ventas de $100,000 al cierre de año
- Objetivo 1: Duplicar los canales de venta
- KPI: # número de canales de venta
- Objetivo 2: Aumentar el presupuesto en un 8% y retorno en medios digitales un 10%

- KPI: $ presupuesto actual vs. futuro, % tasa de conversión, # número de prospectos de venta.

Enlista los recursos que se requieren para cumplir cada objetivo. A partir de las estrategias enlistaremos las tareas o actividades. Cada tarea tendrá un responsable, tal vez al inicio seas tú en todo, o tú y tu socio. Lo importante es saber hacer una correcta planeación, que te ayude como formato para hacerlo en un futuro con un equipo de trabajo, y delegar tareas teniendo en cuenta la experiencia de cada integrante. Por ejemplo:

- Meta 1: Generar ventas de $100,000 al cierre de año
- Objetivo 1: Duplicar los canales de venta
- KPI: # número de canales de venta
- Tarea 1: Enlistar posibles canales de venta físicos y en línea (al menos 10)
- Responsable: Yo
- Tarea 2: Investigar requisitos para introducir la marca a cada uno de ellos
- Responsable: Yo
- Tarea 3: Hacer un formato de entrega–recepción de mercancía en punto de venta físico
- Responsable: Yo

Las tareas te recomiendo revisarlas cada mes o cada quince días. En reuniones con el equipo se presentan los avances, las estrategias y los impedimentos que puedan tener. La planeación de metas se debe revisar de forma trimestral, medir el avance y tomar acción. Yo me siento diario con mi equipo con tres preguntas: ¿Qué avanzaste ayer? ¿Qué planeas avanzar hoy? ¿Tienes algún impedimento? Me hacen entregas una vez por semana y una vez por semana tenemos sesión libre, para seguirnos conociendo y mantener una cultura brilante. Yo uso un kanban con mi equipo para presentar, documentar y revisar avances, y hacemos la planeación trimestral por proyecto.

Tomo una hoja en blanco, la divido en 6 y coloco el título en tinta azul en cada sección de la hoja. De enero a diciembre, llenando la hoja por ambos lados. Le llamamos Q –en inglés *quarter*– a cada cuarto de año o trimestre. Q1 es de enero a marzo, Q2 de abril a junio, Q3 de julio a septiembre y Q4 de octubre a diciembre. El trimestre más estratégico a nivel comercial es el Q4, en el que se juntan las ofertas más importantes del año y la temporada navideña. Prepárate desde un Q anterior para tener el inventario que requieres en almacén, las campañas de marketing, la infraestructura logística y el recurso humano que te ayudará a mantener la atención a clientes y las plataformas de venta funcionando.

Así desarrollo yo mi calendario Q en el que reúno las fechas y eventos más relevantes de la industria, los eventos que tenemos previsto organizar y a los que tengo pensado asistir. También anoto toda aquella fecha clave en la que debo tener algún entregable. Se le llama ingeniería inversa, cuando empiezo a mapear de un evento hacia atrás todo lo que debo tener listo, lo que depende de proveedores externos, los tiempos de entrega de esos proveedores, y así calculo cuándo debo iniciar mi primera actividad referente a ese entregable.

Calendario Q
https://www.lauraerre.com/post/calendario-Q

Y bueno, tengo que correr a una cita con una emprendedora de accesorios, ya te contaré. Te espero en el siguiente capítulo.

Saludos cordiales,
Lau.

Enlista los eventos a los que te gustaría asistir, incluye fechas especiales.

_____

_____

_____

_____

_____

_____

_____

_____

_____

_____

_____

_____

_____

_____

_____

_____

_____

_____

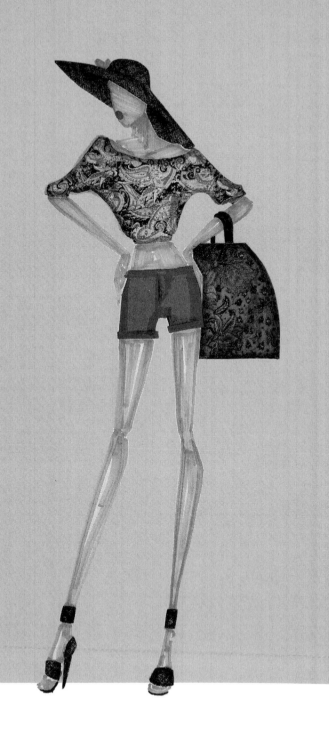

Capítulo 4
MODELO X

Te emociona el hecho de verlo puesto. Es una desconocida, pero ya sientes que la conoces. Sabes que lo va a presumir con sus amigas de forma sutil, y ellas no se sorprenderán de que luzca auténtica, porque ella es así. Le gusta la atención y en su armario lucen los colores más vivos que sube a su foto de perfil, y la cambia cada día, puesto que su nuevo outfit, corte de cabello o labial siempre es digno de presumirse. Después de todo ella es así, le gusta brillar. Y verla luciendo esa blusa de tu última colección, edición especial, con tanto estilo, te encanta.

Y para ella –tu musa– diseñas. La combinación de colores, texturas, siluetas... la vas a sorprender con tu nueva colección, piensas. ¿Por qué no son todas las mujeres así? –te preguntas con cierta melancolía–, tan seguras como una quinceañera en vestido pomposo bailando su vals. ¿Qué hay de aquellas que quieren, pero aún no se atreven? Diseñas piezas con menos contrastes, más adecuadas a un estilo de vida versátil y contemporáneo. ¿Y aquellas admiradoras de tu marca? Diseñas productos más básicos que combinen con prendas de otras marcas quizá. Pero no quieres que te dejen de comprar; después de todo algún día pueden llegar a ser tus mejores clientas.

¿Y qué hay de aquellos que requieren algo más funcional? Quizá tú encontraste otro nicho como son los uniformes o calzado para bomberos, policías, banqueros o cocineros; o si te dedicas al baile, al teatro o al deporte quieres desarrollar una marca más especializada. Tal vez te diste cuenta de que hay ciertas edades desatendidas como niños, adultos mayores o adolescentes. Hay pocas marcas incluyentes que atienden a personas con discapacidad. He conocido diseñadores que atienden al mercado canino. O también es probable que estés lanzando una marca más comercial.

En este capítulo nos transportamos al modelo para hacer realidad aquello que inicia en un boceto o una foto de algo que te inspiró para un diseño o producto de la próxima colección. Varios de los procesos de diseño, producción o comercialización forman parte de la esencia de tu marca, aquello que si no lo haces de forma interna la marca o la empresa pierde su valor agregado. Y habrá procesos que puedan realizar terceros bajo tu supervisión, y requieran cierta documentación como tus fichas técnicas, o formatos de recepción de materiales o piezas terminadas. Después de todo, subcontratar expertos en distintas áreas puede ayudarte a crecer y escalar tu negocio.

TU CASA A LA MODA

Paola está estrenando showroom, siempre fue su sueño como diseñadora tener un escaparate amplio para sus vestidos de novia. Le encanta todo: los espacios, la ubicación, la iluminación que entra por los amplios ventanales y el hecho de que puede dar un mejor servicio que en su anterior espacio. Llegué con Paola a nuestra primera sesión y me recibió en el segundo piso con una taza de café en la mano, me invitó a tomar asiento en su sillón amplio y cómodo, junto a sus cortinas aterciopeladas. Platicando con ella de la gestión de su negocio me comenta –entre otras cosas– que el equipo de producción no le sabía decir cuánto tarda en producir las prendas. Se entiende porque siempre ha hecho piezas a la medida, pero ahora que está lanzando su colección *prêt-à-porter* es importante que tenga definidos esos tiempos. De lo contrario, corre el riesgo de retrasar entregas en sus pedidos y perder la confianza de sus clientas. Esto último es lo que debemos evitar a toda costa en cualquier negocio. Le propuse analizar las áreas de oportunidad en cada área de su casa a la moda.

Sus áreas principales son su cuarto de diseño, su cuarto de administración, su cuarto de producción, su cuarto de mercadotecnia y atención a clientes. Uno que ella no me mencionó, pero agregamos durante la conversación, fue el ático de mantenimiento y el pasillo logístico. Teniendo claras las seis áreas de su casa a la moda, nos fue más sencillo empezar a poner los procesos de cada una por escrito y definir un modelo que la ayude a ser más eficiente, ahorrando recursos y cometiendo menos errores al incrementar la carga de trabajo. "Ya implementé lo que me sugeriste y las costureras ya no hacen una sola pieza sin documentar, ya vamos por buen camino" —me dijo Paola emocionada en nuestra segunda sesión.

Casa a la moda
https://www.lauraerre.com/post/casa-a-la-moda

Un proceso es el conjunto de fases sucesivas de un hecho. ¿Qué beneficios crees que pueda traer a tu negocio el empezar a poner por escrito tus procesos? Piensa en todas aquellas actividades cotidianas; las realizas una tras otra, quizá cada vez mejor y sin errores, pero piensa qué sucedería si quisieras delegarla a alguien que nunca lo ha hecho. Tú siempre debes buscar un alto estándar de calidad, y para delegar es importante saber transmitir tu expectativa en cada actividad a realizar. Así que empieza a documentar aquellos procesos clave en tu negocio. También analiza y documenta los gastos de cada área: en qué gastas, cuánto, cada cuándo, a qué empresa le compras, cómo resultó su producto o material, si tuviste algún inconveniente. Esto quizá al principio lo recuerdas con claridad, pero una vez que empieces a tener pedidos grandes el haberlo documentado desde el inicio te ayudará a crecer con mayor orden.

Algo que recomiendo es desarrollar un manual de procesos, en el que podrán venir documentados los procesos administrativos, operativos, comerciales y estratégicos. Los procesos del cuarto de administración incluyen documentación contable, legal, de recursos humanos y recursos físicos. Si compras un escritorio, anota cómo te gustaría que fuera tu proceso de compra de materiales e insumos, registra en un inventario que tienes un escritorio, una laptop, o un celular para la empresa. Si vas a realizar por primera vez una entrevista para contratar a alguien, anota qué es lo que preguntaste y si se te ocurre alguna forma de hacerlo mejor la próxima vez. Tu proceso de inducción o capacitación también es importante que lo tengas por escrito. Y la base de datos de prospectos y clientes, con sus datos de contacto, datos fiscales y relación de ventas y pagos.

Los procesos operativos incluyen diseño, muestras, producción, calidad, todo aquello que hagas o hagan como equipo en repetidas ocasiones. ¿Ya empezaste tu manual a la moda? Repasemos algunos de los pasos que llevas a cabo en tu negocio.

Calendario Q

Pongamos de ejemplo la colección de Paola. Si ella quiere presentar alguna pasarela en abril para la temporada otoño-invierno, debe tener cuando menos los materiales y fichas técnicas en enero o febrero, a fin de tener sus salidas listas al menos un mes antes del evento. Los diseños los realizó desde el año anterior, y en enero ella empieza a desarrollar sus piezas para otoño-invierno. Al mismo tiempo, sigue vendiendo otoño-invierno de su colección anterior, y está por aplicar su estrategia de saldos y a unas semanas de colocar la colección primavera-verano en punto de venta. En el calendario Q es importante marcar tus temporadas más fuertes. Puede ser que éstas sean las de Paola, pero quizá tú presentas en algún evento internacional en febrero para otoño-invierno y en septiembre para primavera-verano. Tal vez tu producto es de temporada, como trajes de baño o vestidos de ceremonia. El sector de la moda es un sector que se mueve muy rápido y, es por ello que debes controlar cada una de las áreas de la empresa, para cuadrar tiempos y optimizar recursos.

La letra Q representa un trimestre. Tu calendario Q es un calendario anual dividido en estos cuatro trimestres. A este calendario, en futuros capítulos, agregarás varias fechas importantes, como tus campañas publicitarias, el aniversario de la empresa, Navidad y rebajas. También coloca los objetivos que te propusiste en capítulos anteriores, como ¿en qué fecha contemplaste entrar a la primera tienda multimarca? Revisa tu planeación estratégica y anótalo. Recuerda pensar en ingeniería inversa: ¿cuándo debo tener listo el paso anterior para llegar a tiempo al último? En el calendario vas a colocar también algunos eventos de proveeduría. Toma en cuenta que esos serán los primeros pasos del recorrido de una colección, y de acuerdo a los materiales es que inicias tu proceso.

Inspiración

Un tema, una forma, un movimiento artístico, un contexto histórico, una nueva manipulación del tejido, bordado, color, motivo, tratamiento, técnica de construcción, un grupo de texturas o de estampados, una referencia histórica o cultural, así como la exploración de una silueta o los esfuerzos por resolver un problema específico de diseño pueden ser la base de una colección.

Hace unas semanas, en mi última visita a ciudad de México, me invitaron Ana y Ale a su taller para platicarme cómo les fue en su última participación en Intermoda. Llegaron muy contentas de la experiencia en su primera pasarela, con muchas ideas de materiales y proveedores para su colección del próximo año. Son dos hermanas, increíbles personas, egresadas de la primera generación de la incubadora. Cuando Ana piensa en su próxima colección, empieza por buscar inspiración que le ayude a iniciar el proceso de diseño. Piensa en algún personaje, algún momento en la historia, o algún elemento que le resulte relevante de acuerdo a la temporada y a lo que quiere contar. Junto a su mesa de diseño, ella tiene un collage de inspiración con frases que le recuerdan por qué diseña y a dónde quiere llegar, y del otro lado está el collage de su musa.

Cuando se inspira en el concepto de su próxima colección pone música relajante y busca que sea a una hora en la que no tenga distracciones. Desde su ventana entra suficiente luz durante el día, así que no tiene problema para terminar su primer ejercicio de investigación antes de irse a comer. Investiga frases, elementos, conceptos que la llevan a más conceptos, hasta que tiene una lista de perspectivas.

Para concretar algunos conceptos que le llaman la atención, aterriza un *moodboard* o collage que le ayuda a conceptualizar las ideas en figuras, formas, colores, personajes y siluetas. Lo hace en su computadora, con imágenes de internet. Y también usa de referencia para su paleta de color los colores y materiales que estarán de moda.

Tendencias

El proceso de diseño tiene como principal objetivo el que varias personas usen tus prendas, tu calzado, tus accesorios, e inicia conociendo la expectativa y los hábitos que tienen estas personas, lo que reduce tus riesgos y te ayuda a tomar decisiones mejor informadas.

Y ahora que ves la moda como un sistema, entiendes que todo inicia con la predicción de macrotendencias con base en la investigación de sociólogos, historiadores, académicos, diseñadores, mercadólogos, economistas, especialistas y líderes de opinión que comparten su experiencia y conocimiento, analizan el entorno y arrojan intuiciones o pistas que nos ayudan a predecir al consumidor del futuro, con varios escenarios que vale la pena analizar y adecuar a tu marca. Hay también personajes innovadores en el contexto global actual que son quienes predicen el futuro, prevén lo que la sociedad necesita, comienzan a lucir un determinado *look*, a pensar de determinada manera o a actuar de cierta forma, e influyen en el comportamiento del resto, empezando por los *early adopters*, que son los primeros en adoptar una tendencia. Entre ellos están los líderes de opinión, que se la apropian y la convierten en moda. Una vez que está de moda y es de alcance masivo, vuelve a iniciar el ciclo.

La investigación de tendencias y el *coolhunting* no se limita a ofrecer una foto actual del consumidor, sino que ofrece un panorama de cuál será la evolución en el futuro de los gustos y preferencias del público, anticipando nuevas oportunidades de negocio, posibles amenazas y nuevos nichos de mercado que están surgiendo. El proceso es observar los hechos cotidianos, detectar patrones, necesidades o valores, analizar las motivaciones culturales y capitalizar las observaciones como *insights*.

Internet y los medios digitales ponen a nuestro alcance información y herramientas necesarias para la búsqueda y captura de futuras tendencias de consumo. Pudiendo seguir a *trendsetters* e innovadores, monitorizar la evolución de un sector determinado, analizar eventos mediáticos, descubrir propuestas de vanguardia en ciudades influyentes y conocer "lo último" y lo venidero; sin embargo, es necesario saber cómo y dónde buscar a fin de obtener información relevante y útil para aplicarla en nuestro negocio.

Son varias las maneras de conocer las tendencias futuras de la moda, pero las oficiales vienen de la mano de agencias de *coolhunting* que condensan los estilos esperados en informes anuales. Recopilan tendencias pasadas o vistas en las calles, de la cultura del entretenimiento o investigaciones en internet, y despliegan cada temporada un anticipo detallado de las principales, en donde muestran colores, siluetas, estampados, tejidos, estilo de vida, prendas clave, hábitos de consumo, que son inspiración y una dirección clara para crear productos exitosos, reduciendo así el tiempo de investigación y desarrollo en las empresas. Estas tendencias se comercializan normalmente como libros, de forma digital, o puedes solicitar algún estudio más específico o personalizado.

Las grandes empresas que comercializan la materia prima basan sus compras y producciones en estas recopilaciones como punto de partida, para también confirmar las decisiones de sus diseños, lanzar productos más comerciales, disminuir la pérdida de inventarios, y crear campañas ganadoras. Y así toda la cadena hasta las tiendas cubren sus escaparates de los colores, texturas y siluetas de temporada. Cuando vas iniciando, asiste a eventos de proveeduría en donde se presenta el análisis de estas tendencias. Agrégalos a tu Calendario Q. También puedes usar de referencia recursos digitales como pasarelas, blogs e *influencers*.

Yo te sugiero empezar buscando en WGSN y Fashion Snoops. Ya conoces algunas aplicaciones como Pinterest, Instagram, revistas de moda como Vogue, Elle; y también hay blogs y sitios web como Pattern curator, The Sartorialist, Trendo y Coolhunter Mx. Algo que también recomiendo es ir a Première Vision en París. Además de que la ciudad te va a encantar, el evento vale la pena. Hay talleres, conferencias y toda una zona de tendencias en donde cada empresa te puede explicar los distintos reportes de tendencias. Y también te recomiendo observar; no hay como salir a la calle y empezar a observar lo que usan las personas en centros comerciales, festivales y clubes en tu ciudad o en las capitales. Mencióname cuáles te van gustando, me encantaría saber lo que te resulta más útil.

Tendencias

https://www.lauraerre.com/post/tendencias

Materia Prima

Ahora bien, es importante que elijas al proveedor adecuado para las materias primas de tu producto o servicio. Le llamamos materia prima a los avíos, telas, hilos, suelas, herrajes, todo aquello que se requiera para fabricar tu producto. Si tu volumen de venta es aún pequeño, no conviene que contactes directamente a los productores, sino a tiendas minoristas, ya que las compras mínimas son muy altas, y no te conviene arriesgar tu flujo de efectivo en materia prima.

Una vez que encuentres el producto que te gustó para uno de tus diseños de la siguiente colección, es importante que preguntes al fabricante o distribuidor si el producto es de línea. Si ese producto sólo lo surtirán una vez, puede ser que para cuando levantes el pedido se haya terminado o no puedas resurtir. Si el producto es de línea, tendrán suficiente producto para cuando tú lo solicites. Pregunta también la orden mínima y los tiempos de entrega. Idealmente ten siempre un plan B, un plan de contingencia por si hubiera un imprevisto. Busca que tengan materiales muy similares y llena una ficha técnica por proveedor, que contenga su nombre comercial, dirección, contacto y los insumos que le comprarías.

Habrá que categorizar esta lista de proveedores por tipo de producto. Te ayudará a llevar un orden y tener el historial de tus compras y tu experiencia con cada uno. Por ejemplo, necesitas mandar producir tu primera colección y ya llamaste a una maquila cerca de tu ciudad que te dijo que te producía un mínimo de 100 piezas por modelo. En un evento te recomiendan con MIM Maquila Integral de Moda, especializada en diseñadores emergentes que requieren un servicio más holístico. Un día decides escribirles y te levantan el pedido, te mandan los formatos que requieren que les llenes, les envías la información y te hacen una propuesta. Consideras que el trato fue muy bueno, pero que la propuesta fue un poco elevada. Buscas otra alternativa y te recomiendan con Andrea, una costurera que trabaja desde casa. Le llevas las telas, le mandas la información y no te devuelve la llamada ni el mensaje. Si vas anotando todo, puedes llevar una tabla comparativa en la que evalúes los distintos criterios, como lo hiciste con tu competencia. Quizá en esta etapa de tu proyecto valoras más la atención y la calidad que el precio, así que elijes trabajar con MIM. Pero ya tienes en una tabla la información de ambos, por si algún día se te llega a ofrecer el contacto de la costurera o de la maquila cercana a tu ciudad.

Desarrolla una tabla que incluya ubicación, nombre, tipo de producto o servicio, y pon una columna de notas para incluir tu experiencia. También puedes incluir una columna en la que anotes si factura, sus datos de facturación, y el nombre de la persona que te atiende. Para encontrar proveeduría, te recomiendo acudir a eventos de *networking*, ferias de proveeduría nacionales o internacionales, así como buscar referencias de otros emprendedores en tu ciudad y en redes sociales.

Diseño

El diseño es el resultado de tendencias, inspiración y materiales. Un diseñador es el que hace el análisis del contexto, tiene en cuenta usuarios específicos y genera propuestas sin depender de dictámenes estéticos o formales. Se dice que el diseñador de moda, en cambio, tiende a ser subordinado a dictámenes de mercado y tiempos comerciales, y realiza nuevas síntesis de elementos ya existentes. Voy a aclarar un poco las ramas del diseño:

El diseño de producto está centrado en el usuario de estándares comerciales, colecciones aptas para ser producidas industrialmente y en relación con las tendencias dominantes, no necesariamente estéticas.

El diseño de autor hace búsquedas y reflexiones creativas en torno a la forma y a los tejidos, el acento está en los aportes creativos, la coherencia y la construcción de un estilo particular con nuevos lenguajes estéticos capaces de incorporarse al mercado.

El diseño de autor de pasarela es el inspirador y motivador, proyecta una expresión personal que pudiera ser adaptada para el mercado y se dan ciertas licencias creativas.

El diseño experimental plasma en una colección una propuesta conceptual compleja, novedosa y única, son colecciones de vanguardia, por fuera del mercado y las tendencias, proyectos que resultan de la investigación conceptual, de la experimentación y la utilización de materiales no convencionales. ¿Qué tipo de diseñador te consideras o tienes en tu equipo? ¿Recuerdas la pirámide de la moda? ¿Cómo haces negocio?

Imagina que empiezas a diseñar. Tienes en tu *moodboard* trozos o piezas de los materiales que usarás en la colección, muestras de color, bocetos, fotografías, recortes de prensa, texto e ilustraciones. Defines las gamas cromáticas y empiezas a bocetar. Básate en un punto de diseño, ese detalle diferencial de tu colección. Los distintos modelos los vas colocando ya a color en el plano de la colección. Puedes empezar eligiendo tus piezas protagonistas, y a partir de ellas ir armando o diseñando las piezas complemento. Algunos elementos se van trasladando de colección en colección, aquellas piezas que tuvieron éxito y las básicas que se venden cada temporada.

Cuando diseñes la colección completa no te olvides de la parte comercial. Tal vez pienses que cada diseño debe ser único, pero primero debe ser comercial. Deberás dividir tu colección en cuatro partes, por sus siglas TIBA:

1. Tendencia, aquellos productos exclusivos, los más icónicos de la colección por volumen de producción, nivel de moda, calidad y precio. Los vas a querer usar para pasarelas *e influencers*; son aquellos que expresan la esencia de tu marca de forma notoria y atrevida, aunque también incluyen tus modelos más clásicos y atemporales.
2. Intermedios, son los que llevarán ciertos atributos intangibles y emocionales, sujetos a la moda. Llevan aplicaciones de la tendencia o inspiración en la que te hayas basado. Puedes usar algunos contrastes de colores, pero menos contrastes de texturas y avíos. Serán menos costosos que los primeros.
3. Básicos, aquellos productos que compramos por impulso, más accesibles que el resto. Son objetos de compra repetida, clásicos, no sujetos a la moda.
4. Actualiza, puedes incluir alguna colección cápsula o un nuevo lanzamiento, justo antes de finalizar la etapa de madurez de tu colección. Evita que caigan antes las ventas; cuando ves que bajan es que ya estás en etapa de declive.

Anna Fusoni les llama en sus conferencias el Flash, Dash y Cash. El *flash* es el que diseñas para tu fashion film y tu pasarela, el que quieres en las fotos para tu clipping, cuando recopiles aquellas menciones de tu marca en los medios. El *dash* tiene tu toque aterrizado a un producto más comercial. Y el básico es el que te da el flujo de *cash* para mantener tu empresa rentable.

En una empresa de marca corporativa se presentan cientos de siluetas por temporada y únicamente el 40% es el que se presenta en la colección. Hay un proceso de eliminación en el que se eligen las mejores, con ayuda del área comercial.

Y el diseño no termina en el papel; tienes que hacerlo realidad o pedirle a alguien que lo haga. Y para ello se requieren patrones en caso de la ropa, y modelo en caso de calzado y joya. Un patrón es el plasmar tu prenda en plano de acuerdo con tu tabla de medidas. Si está bien hecho en un inicio, te va a ahorrar errores consecutivos que te costarán recursos en etapas posteriores. Es también la pieza base que utilizará el cortador para cortar la tela, que posteriormente se entregará a la costurera para armar. Así que es importante que antes de enviar al cortador, elabores una muestra y la pruebes sobre tu modelo de talla muestra. Si estás diseñando para un cliente, se realiza un patrón personalizado, mismo que guardarás de referencia mas no replicarás.

Aunado al patrón, debes elaborar una ficha técnica. Ésta te ayudará a llevar un orden, a documentar cada pieza de cada modelo con sus especificaciones para producción (medidas, piezas, etiquetas, materiales, instrucciones de confección o armado), un trozo de cada material utilizado y la fecha en la que se realizó dicha producción.

Para control de tus costos agrega una ficha de precosteo. Es similar a la ficha técnica, aunque ésta lleva el detalle de las piezas y materiales que requieres para la pieza. Por ejemplo, si lleva un cierre ¿de qué medida? ¿de qué color? ¿de plástico o de metal? Una vez elegido, anota el código del material, el nombre del proveedor y cuánto cuesta. Así, al momento de mandar hacer tu muestra, ya tendrás una idea más clara de cuánto se gastará en material, y si tu pieza es viable o no, de acuerdo al presupuesto que tengas para el costo unitario. No te preocupes, que hablaremos de costos más detenidamente. Lo que debes tomar en cuenta es que, mientras más piezas hagas, el precio de los materiales y la mano de obra debe ir disminuyendo. A esto se le llama economía de escala.

El proceso de diseño también se puede realizar haciendo uso de programas y maquinaria para ilustrar, patronar y cortar. La tecnología te ayuda a hacer eficientes los procesos y reducir el margen de error. Lo mismo aplica si tu marca es de joyería, calzado o accesorios.

Muestras

Todo aquello que tengas en mente o en papel no es real hasta que se produzca, por lo que tienes que pensar muy bien con quién te asocias para completar tu creación. No todas las personas o empresas que sepan cómo hacer el producto que quieras hacer (la prenda, el sitio web, la pieza de joyería, el accesorio...) comparten tus valores, tu formalidad, tus estándares de calidad, por lo que vamos a hacer una dinámica previa de selección de proveedores.

Algunos consejos de lo que aprendí en este proceso:

1. Antes de mandar desarrollar tus productos o servicios con un tercero, piensa bien en qué es lo que necesitas, con lujo de detalles.

2. Entrevista a tus proveedores, entiende cuál es su por qué, qué es lo que hacen mejor que nadie, y conoce la experiencia que tienen desarrollando aquello que buscas que desarrollen para ti. Antes de elegir al proveedor es importante que analices no sólo las condiciones de su taller, la confianza que te genera la persona encargada, sino también la organización. Tu maquila, taller o proveedor se vuelve de los aliados más estratégicos para tu negocio. Es importante que compartan tu forma de trabajar, para no generar malentendidos a la larga que puedan terminar en pérdidas. Puedes preguntarles:

¿Con qué otros diseñadores o marcas trabajan?

¿Me pueden compartir el contacto de algún referido a quien pueda entrevistar?

¿Qué tipo de productos han producido actualmente?
¿Tienen toda la maquinaria requerida?
¿Están dispuestos a comprometerse en tiempos?
¿Cuentan con las mejores prácticas de seguridad, ética y responsabilidad social?
¿Cuáles son los términos de los pagos?
¿Están dispuestos a firmar un convenio o contrato en caso de requerirlo?

3. Pide referencias, pregunta a sus casos de éxito, que te cuenten su historia. Si te da pena o no encuentras respuesta, ve sus resultados en sus redes sociales o en punto de venta.

4. No sólo entrevistes a uno, busca al menos tres opciones. ¿Son fáciles de contactar? ¿Son de fácil trato?

5. Tenlo por escrito, ya sea que firmen un convenio, contrato o cotización; es importante tener por escrito los compromisos de propiedad intelectual, tiempos, costos y niveles de calidad de ambas partes.

6. Cuida la relación, es mejor que te relaciones de forma amistosa, piensa que son parte de tu equipo, dependes de ellos para enamorar a tus clientes.

Cuando llegas con el proveedor y le entregas los diseños, las fichas técnicas, los materiales y avíos, de acuerdo con lo que le toque realizar del proceso de producción, deberá entregarte el producto muestra. Hay quienes prefieren entregarle los patrones, incluso las piezas cortadas, y hay quienes entregan diseños y ficha técnica para que la maquila se encargue de todo. Cuando te entreguen tus primeras muestras, debes revisar que sea la calidad esperada. Pruébasela a tu modelo de talla muestra y revisa todos los detalles. En las grandes empresas, tienen a alguien en la empresa con las medidas exactas de su talla muestra. A quien elijas, es la persona sobre la cual se van a tomar medidas, se va a patronar, y en la entrega de la muestra se va a medir la prenda o calzado. Si se va de tu equipo o no tiene disponibilidad, busca un plan B con las medidas lo más similares posibles. El corte, los terminados, las aplicaciones, las caídas, la comodidad, revisa que la talla sea la adecuada y que el cierre de la prenda o del calzado funcione con facilidad. Si quieres hacer un cambio ahora es cuando, porque una vez que pase a producción ya será muy tarde.

Catálogo

Tu colección terminará en forma de catálogo, ya sea impreso o digital, y tu primer prospecto serán aquellas tiendas o boutiques a las que les debes presentar cierta información del producto y tu información de contacto. La del producto incluye género, categoría, el nombre, descripción, una imagen, código, materiales, tallas, colores, y precios de mayoreo y de venta al público. Incluye la temporada, el número de piezas mínimo por pedido, tu correo y el teléfono de contacto. Te recomiendo tener un celular de la empresa, en el que respondas únicamente a aliados, clientes y prospectos. Quizá en un futuro tengas quién lo atienda y mantén el tuyo para uso personal.

Las categorías principales de la moda son el tipo de producto para damas, caballeros o niños. Por ejemplo, vestidos para dama. Algunas subcategorías podrían ser el tipo de materiales u ocasión de uso, como vestidos de noche. Incluso puede haber más opciones debajo de las subcategorías, como colores, colección o marca. Por ejemplo, vestidos casuales rojos. Depende de tu modelo de negocio. Es importante definir tu clave única del producto, SKU o *Sale Key Unit*. Debe ser alfanumérica de 16 dígitos: los primeros dos para las iniciales de la empresa, dos para el color, dos o tres para la talla, los siguientes dos para la temporada, dos para el año, dos para la categoría, y los tres últimos para la subcategoría. Esta clave te va a ayudar a tener un mejor control de tus inventarios, órdenes de compra, devoluciones y facturas. La define el tipo de producto, colección, color, talla, y te ayudará a distinguir qué prenda estás recibiendo y vendiendo.

El catálogo debe resumir lo que representa para ti la colección, aunque su principal función es que se puedan levantar pedidos con la información que incluiste. Los catálogos digitales los puedes mandar por correo o whatsapp. Piensa bien cómo es tu cliente, quizá le guste más que se lo entregues impreso y personalmente, o he visto algunos que ya son en formato de vídeo. La información es la misma, el formato es lo que puede cambiar de acuerdo con lo que mejor te funcione.

Ahora bien, toma en cuenta la mezcla de tu producto: la amplitud se refiere al número de líneas de producto que manejas (prenda, accesorio, calzado, dama, caballero); la longitud, al número total de artículos; la profundidad es la cantidad de versiones que ofreces en cada línea (tallas, colores y modelos), y la consistencia es la relación entre las distintas líneas de producto. Cuando pienses en crecer, toma en cuenta que estas son posibilidades de crecimiento; ya las explorarás en su debido momento. Por lo pronto, define cuál será tu mezcla inicial y arma tu catálogo con tus productos o servicios actuales.

Ferias

Si tu negocio es B2B (*Business to Business*) o Negocio a Negocio, seguramente primero realizarás un muestrario. Tal como lo detallamos, inicias revisando las tendencias y materiales, aterrizas tu colección en papel y lo llevas a patronar y confeccionar. Una vez que apruebas las muestras, las llevas a vender antes de mandar a maquilar. Si tu marca es de calzado, lo llevas a modelar y producir.

Usualmente los compradores asisten a ferias en las que es importante que estés listo para levantar pedidos. Para ello hay algunas cosas a considerar, como tu stand, que debe reflejar tu concepto de marca. Los racks o estantes en los que colocarás tu producto, y todo aquel material comercial que pueda ayudarte a cerrar ventas desde allí, como tus tarjetas de presentación, tabulador de precios, formatos de levantamiento de pedidos; puedes incluso tener un formato únicamente para recabar datos de las personas interesadas. Lo más importante después de una feria es el seguimiento; escribe a todos los contactos personalmente para agradecerles su visita al stand y enviarles nuevamente información acerca de tu colección y de tu empresa. Esto lo veremos en siguientes capítulos, cómo hacer tu *press kit* y catálogo digital.

Producción

Cuando te levantan un pedido a mayoreo, el comprador te debe proporcionar información como el número de piezas por modelo, talla, color, sus datos de contacto, sus datos fiscales, su firma, entre otros. Tú también debes proporcionarles información como mínimos de compra, datos bancarios, tiempos de entrega, términos y condiciones importantes para la compraventa.

Si eres una empresa B2C (*Business to Consumer*) o Negocio al Consumidor, mandas producir con base en históricos de ventas o proyección de ventas. Te recomiendo que si es tu primera colección no hagas más de 12 modelos, y manda maquilar o haz el menor número de piezas posibles. Esta es una validación para ti: ¿Qué es lo que más gusta de mi colección? ¿Qué talla es la que más me piden? ¿Cómo se me está moviendo en mis distintos canales comerciales?

Recuerda que mientras más produzcas, más económica resulta cada pieza. A esto le llamamos economía de escala. Es por ello que debes tener una estructura comercial sólida, incluso antes de mandar producir. Ve generando audiencia, relaciones de valor y una estrategia que te ayude a crecer, de manera que te vuelvas rentable en menos tiempo.

Quizá tu proceso de producción dependa de más de un proveedor, por lo que debes tener una relación de los tiempos de entrega o recolección de piezas de forma secuencial y con fechas. Este formato te va a ayudar a ver y controlar tus entregas, porque si te llega tarde el material el taller no se puede hacer responsable por el retraso del proveedor previo. Si esto llegara a pasar, mantenlos informados y actualiza los tiempos de producción. Contempla también cierto colchón de tiempo con tus clientes para no quedar mal con ellos, puesto que son tu prioridad. En caso de que se retrase aún más por algún imprevisto, avisa a tus clientes. ¡Ah! y revisa cada entrega de piezas y firma todos los recibos; pide al taller que haga lo mismo en caso de que les envíes directamente materiales o insumos.

Para producción, lo más importante a revisar es la calidad. El taller debe estar informado de quién es tu cliente y qué calidad es la que requieres como estándar para tus productos. Hay marcas que están enfocadas en la venta por volumen, por lo que es más relevante el tiempo de entrega y la variedad de productos y diseños. Hay marcas que venden status, por lo que deben cuidar la calidad, originalidad de materiales y confección. Esto se revisa en los terminados y se debe revisar contra ficha técnica y contra muestra aprobada. Haces una tabla de medidas a prenda terminada con la holgura que hayas aprobado en etapas anteriores.

Algo interesante sería que vayas validando con respecto a tus clientes reales. Si tu musa tiene 20 años y vive en cierta zona, tendrá ciertas medidas y tallas. Si tiene 45 años tiene otras medidas y otras tallas. Si logras tener un buen *fitting* o ajuste, tus clientes se sentirán confiados de seguirte comprando incluso en línea, sin medirse la prenda en punto de venta. Pídele retroalimentación siempre; el mejor hábito es el de la mejora continua.

Este capítulo se llama Modelo. Y ahora es momento de irle poniendo nombre a tu Modelo, ¿cómo quieres que se llame? El Modelo es tu forma de trabajar y no es igual a la de otras marcas o empresas. Así que lo puedes personalizar, Modelo _____ (tu marca).

SUSTENTABILIDAD

¿Has escuchado de la economía circular? Si extraemos recursos del suelo para elaborar productos que luego tiramos, vamos en contra de la naturaleza que reutiliza, se digiere, se convierte en abono. Idealmente no deberíamos tener residuos, el proceso debería ser cíclico, diseñando todo para reconvertirse, alimentar otros sistemas reutilizables hasta el infinito y no peligrosos. Deberíamos dar prioridad a la modularidad, la versatilidad y la adaptación; caso contrario es el *fast fashion,* que nace en los setentas para agilizar la respuesta de producción al punto de venta.

Los precios deben reflejar el costo real del producto, y las empresas deben concentrarse en prestar servicios y no sólo maquilar. La energía debería provenir de fuentes renovables, y entender que es un pensamiento sistémico; las infraestructuras, el medio ambiente y el entorno social influyen entre sí.

Piensa en un bolso de lujo, lo compras a un precio tal que incluye una garantía vitalicia. Cualquier falla de función o pieza del producto, puedes regresarla para ser sujeta a reparación o la reposición del producto.

El sistema de moda actual aún maneja malas prácticas, como el trabajo infantil, la desigualdad de género, condiciones de trabajo insalubres y peligrosas, maltrato animal, alto índice de residuos sólidos y peligrosos, condiciones salariales por debajo del mínimo, el uso de sustancias químicas altamente dañinas, el consumo masivo de recursos hídricos, la producción y pobre tratamiento de aguas residuales, entre muchas otras. ¿Qué pasa si empezamos por ser conscientes del impacto ecológico e implementamos algunas mejores prácticas a nuestros procesos?

Hay empresas preocupadas por tener procesos sustentables, y hoy más que nunca debemos sumar más empresas a esta consciencia. Hay marcas que están explorando alternativas, como el uso de materiales sostenibles o de menor impacto ambiental, reducción de desechos, la descarbonización de la producción, transporte con bajas emisiones, la sensibilización de los consumidores, análisis de la trazabilidad del producto, renta o reparación de productos para promover una segunda vida, proveer información del cuidado de la prenda, optimización de recursos en procesos como distribución y comunicación, colaboración en proyectos sociales, culturales y medioambientales.

Pregúntate:

Usas materiales para desarrollar un producto, ¿son sostenibles? ¿son locales? ¿son reciclados? ¿son libres de toxinas o químicos?

Diseñas para un mercado específico, ¿tus productos o servicios cubren una necesidad? ¿tiene usos múltiples? ¿es un producto de calidad?

Produces, ¿cuánta agua usas? ¿cuánta luz usas? ¿generas muchos o pocos residuos? ¿cumples con las normas de tu zona? ¿es trabajo digno?

Vendes, ¿es local? ¿cómo se lo haces llegar al comprador? ¿es consumo responsable?

Se usa el producto, ¿se puede reusar? ¿se puede prestar o rentar? ¿se puede reparar?

Se desocupa el producto, ¿se puede reciclar? ¿se puede convertir en un nuevo producto?

La moda debe empezar a ser transparente, comprometiendo a gobiernos, marcas, tiendas, maquilas y consumidores a formar parte de un movimiento consciente. Empieza conociendo algunas mejores prácticas, innovando en procesos más sostenibles, facilitando la implementación de nuevos modelos de negocios y creando condiciones para el cambio.

ESTRUCTURA DE COSTOS

¿Alguna vez te ha sucedido que conectas tu celular a cargar? Una hora después lo revisas y no ha cargado nada, hasta que te das cuenta de que no tenía corriente ese enchufe. Ya perdiste una hora, y ahora tienes que buscar otro. Bueno, esto suele suceder en los negocios. Puede ser que tú estés vendiendo y vendiendo, creyendo que es un negocio muy rentable; un año después revisas detenidamente tus finanzas y te das cuenta de que en verdad nunca fue negocio. Porque hay ocasiones en que nos concentramos tanto en vender o en conseguir seguidores, que perdemos de vista la importancia de nuestro porcentaje de utilidad, cuánto debemos invertir en la siguiente etapa de crecimiento, o incluso cuáles son nuestros costos reales.

Una vez que tienes definidos los procesos de producción, habrá que enlistar los costos. Hay dos tipos de costos: los que gastas mes tras mes y los que gastas cuando realizas un producto. Por ejemplo, renta, agua, celular, internet, gasolina, luz, empleados, el dominio de tu sitio web, la agencia de mercadotecnia, son algunos gastos que realizas mes tras mes o año tras año, independientemente de si vendes o no. La tela, las etiquetas, el gancho, el tacón se gastan siempre y cuando hagas un producto. Al primer tipo le llamaremos costo fijo y al segundo, costo variable. Los costos fijos son aquellos que debes pagar –vendas o no–, por lo que debes cuidar que no sean altos. El costo unitario, mientras más produzcas, deberá ir disminuyendo. Piensa en todo lo que haces en el día a día de tu negocio y enlístalo.

Tabla de costos

https://www.lauraerre.com/post/conoce-tu-tabla-de-costos

Hay veces que manejas tu negocio desde casa, usas tu auto, tu celular, tu computadora, tu tiempo, y aparentemente no hay costos fijos implicados. Piensa que cuando empieces a crecer y pienses en independizarte debes tenerlos contemplados. Te recomiendo que hagas una lista que incluya aquello que de momento no te está costando a ti, y que eventualmente te empezará a costar. Te va a servir para calcular tu punto de equilibrio. Quizá de momento tú estás cubriendo esos gastos como gastos personales, o tienes quién los cubra por ti. Pero una vez que te independices, que empieces a crecer, que quieras tener una oficina propia y un celular para dar atención a tus clientes, entonces voltearás a ver tus cuentas, lo sacarás de los ingresos de las ventas, y tu negocio deberá seguir siendo rentable.

Hay gastos que quizá estás haciendo que sólo se harán una vez, como el registro de tu marca, el desarrollo de tu sitio web, o la remodelación de tu local; anótalos también en un apartado como inversión inicial. ¿Qué otro gasto o costo pudieras prevenir? ¿Cómo controlarás tus gastos a partir de ahora? ¿Ya te va quedando clara la diferencia entre costo fijo y costo variable?

ESTRATEGIA DE PRICING

Una exitosa negociación se tiene cuando estamos logrando un acuerdo que resulta satisfactorio para ambas partes. Esa satisfacción se siente cuando sabes exactamente qué puedes ofrecer sin afectar los intereses de tu negocio. Para ello puedes usar una lista de criterios y evaluar, conforme a la información, un rango de negociación. Tienes que saber lo que cuesta tu producto, lo que vale dentro del mercado al que te diriges y hacia dónde va a crecer y posicionarse tu marca. Lo que cuesta debe ser siempre tu punto de partida, ya que el valor no puede estar por debajo.

Hay varias formas de establecer precios; lo que debes considerar es que cada negocio es distinto y tiene una estrategia que le va mejor. Te voy a mencionar algunas a tomar en cuenta:

1. Siempre asegúrate de que los precios de venta cubran tus costos. Que no te gane la guerra de precios con tu compe-

tencia, queriendo vender más barato que ellos. La guerra de precios es como la ley del más fuerte, que deja a muchos fuera del negocio.

2. Entiende al mercado, encuentra cuál es el rango de precios que están dispuestos a pagar, y analiza el valor que ofreces a cambio de su dinero. Es importante no estar por debajo ni por encima. No quieres ni verte sospechoso; que crean que tu producto o servicio no es de calidad, ni impagable. Mantente siempre al pendiente de tu competencia, e incluso de nuevos competidores. ¿Recuerdas que en el capítulo 3 hiciste una tabla de precios de la competencia? Saca esa tabla, te va a servir de referencia, ya que son los precios que actualmente están en el mercado.

3. Calcula tus costos, y al costo unitario agrega un margen. El precio de venta al público sería el resultado del costo más el margen que elijas. De acuerdo con el tipo de producto es el margen que puedes agregar (ve pensando entre 2.5 y 4). Calcula el costo total, incluyendo costos de materiales, costo de mano de obra, costos logísticos, envío y costos fijos prorrateados. Ahora multiplícalo por tu *markup*, y ese sería el precio de venta al público, ¿está dentro de tu rango?

4. Mayoreo y menudeo. El precio de venta al público, que es al que el cliente encontrará nuestro producto en tiendas y boutiques, se puede calcular también sumando los costos de mano de obra y materiales, y multiplicarlo por cuatro. Ahora divídelo entre dos, y ese sería tu precio de venta para aquel canal al que le des un 50%, por ejemplo. Es tu costo por dos (precio de los canales), por dos (precio de venta al público).

5. Psicología del cliente: Te comparto algunas estrategias que funcionan.
Cautívalo con el truco del .99 y haz la prueba; 99.90 se ve muy distinto a 100. Para nuestra mente uno es de doble y otro es de triple dígito, y cambia nuestra percepción del precio.

Otra estrategia es que, si tu precio es menor a 1,000, muestres el porcentaje de descuento. Si es mayor a 1,000, muestres la cantidad en dinero que se ahorran.

Otra es que cobres el envío y el precio del producto o servicio sea menor, en lugar de poner el precio que incluye envío. No te olvides de poner el producto de mayor precio primero para que, conforme van recorriendo la tienda física o virtual, empiecen a encontrar mejores precios y consideren que están haciendo una excelente compra.

Maneja ofertas, descuentos, y súmate a las campañas nacionales o internacionales. Siempre sé claro con tus promociones, muestra el precio original contra el de descuento.

6. Sigue probando, escucha la retroalimentación de tus clientes, vendedores y distribuidores. Cuando lances una nueva colección que no te dé miedo subir los precios. Si necesitas bajar precios en algún momento, siempre puedes buscar reducir costos, pero nunca a costa de tu margen de utilidad. Negocios son negocios. Por eso busca mantenerte relevante y competitivo.

7. Desnate: El precio de desnate va de mayor a menor, imagina un embudo. Se usa cuando el producto que introducimos al mercado es tan innovador, y se hizo una campaña que generó tanta expectativa, que los *early adopters* e *influencers* darían lo que fuese por ser los primeros en tenerlo. Piensa en algunas marcas de telefonía, o el estreno de ciertas películas. Una vez que sale al mercado genera las primeras ventas esperadas, se convierte en moda, más gente compra, y lanzan el siguiente producto o colección mientras empiezan a bajar lentamente los precios.

8. Introducción: Cuando el precio de introducción al mercado va de menor a mayor. Se usa cuando un producto es nuevo y está compitiendo con jugadores grandes de la industria. Bajas tus precios para reducir el riesgo del cliente a probar

tu producto o servicio. Una vez aclientado, vas incrementado lentamente tus precios hasta ser competitivo.

9. Aumenta el ticket promedio, dando mejores precios si se llevan productos complementarios. Por ejemplo: Paquetes que incluyen corbata, mancuernillas y pañuelo, los vendo a mejor precio que si los compras por separado.

10. Percepción. Si compites por precio, que sea sólo en ciertos productos. Tus básicos, por ejemplo, que te funcionen como ganchos comerciales. Si manejas precios sobre los de tu competencia, que sea con los productos más exclusivos de tu colección. Así le darás cierto status a tu marca y el valor percibido será mayor.

No todas aplican a cualquier marca, cuida que la estrategia sea congruente con tu posicionamiento. Por ejemplo, si estás en los eslabones superiores de la pirámide de moda, es menos probable que bajes precios o realices cierto tipo de promociones. Si estás en los de abajo, es poco probable que apliques una estrategia de desnate o trabajes con muchos intermediarios. Si estás en medio de la pirámide, puedes hacer una mezcla de varias estrategias de acuerdo con el tipo de producto. Ciertos productos de mayor nivel de moda pueden entrar con precios más altos y los más básicos o intermedios pueden entrar con precios más bajos que la competencia. Así, tienes ganchos de venta para clientes que compran por precio, pero también cuidas el margen total de la colección.

Es importante que elabores también tus políticas de ventas. Hablamos del precio de venta al público y precio de mayoreo. También hablamos de vendedores o distribuidores. ¿Cuáles van a ser sus tabuladores? ¿Te vas a basar en cantidad de productos vendidos o en cifras de venta? ¿Cuál es la compra mínima para considerarse mayorista? ¿Te pagarán anticipo o todas las compras son en firme? ¿Manejarás productos a consignación? ¿Devoluciones? Diseña una propuesta de política de ventas en las que incluyas los distintos canales, los términos y condiciones, métodos de pago y porcentajes de comisión.

Punto de equilibrio

Alcanzamos el punto de equilibrio cuando los ingresos son iguales al costo total de producir o vender determinada cantidad de unidades. A mayor volumen de unidades vendidas mayor es el ingreso. Para que existan utilidades, este ingreso debe crecer más que el costo total y quedar abajo del volumen de ventas requerido para cubrir todos los costos y no generar pérdidas. De ahí la importancia de conocer qué volumen de ventas se requiere para estar en punto de equilibrio con base en un precio dado, o bien, a qué precio se debe vender un volumen determinado de unidades. En otras palabras, si tu punto de equilibrio es tan alto que las ventas parezcan inalcanzables, la estrategia podría ser subir los precios o bajar los costos.

Divide los costos fijos entre la resta del precio menos los costos variables, así obtendrás el número de unidades a vender; luego calcula: ¿es viable o habrá que afinar algo? Además cuando decidas formalizar tu negocio un contador se hará cargo de las declaraciones fiscales. Lo que tú debes cuidar desde el inicio es el registro y el control de ingresos y egresos. Te recomiendo no mezclar gastos personales con gastos del negocio, este es un hábito que te ayudará a la larga.

PRESUPUESTO EMPRESARIAL

Gloria necesita ir a comprar telas para su próxima colección. Ya tiene en mente algunos colores y características que quiere. Cuando llega a la tienda, recorre cada pasillo con la vista y el tacto atentos a cualquier tela que pueda usar de acuerdo con la caída y textura que busca. Encuentra una que le gusta, el color es perfecto para ese pantalón que tiene en mente. Pide ayuda a la persona encargada y le empieza a hacer las preguntas de rutina, si es que es de temporada o es de línea, otros colores, y el precio. Cuando le dan el precio hace un cálculo rápido. "Sí, sí me alcanza –piensa en voz alta–. Dame dos metros, por favor".

Gloria llega a su estudio con las bolsas de compras y hace la suma de los gastos. Cuando ve el resultado se da cuenta de que quizá se excedió un poco; pero ya tiene las piezas, así que manda hacer las muestras. Le encanta la tela que compró, está segura de que va a valer la pena subir quizá un poco el precio a esas prendas. ¿Y si no...? Después de todo, ya hizo el análisis de su estrategia de precios y tiene el costo unitario máximo. Lo que entonces va a tener que hacer son algunos cambios en el diseño para que la prenda quede más simple, y bajar costos de producción. La próxima vez que vaya a comprar telas quizá se la piense dos veces. Mientras, a rediseñar.

Hay tres etapas que son las más costosas para toda marca de moda: el desarrollo del producto, la producción, y la promoción. El desarrollo de producto requiere investigación de mercado, viajes a ferias de proveeduría, compra de materiales, diseño, patronaje o modelado, confección o armado de muestras, entre otros procesos. La producción depende del volumen, y generalmente pedimos piezas que aún no tenemos vendidas. La promoción es una inversión que atraerá clientes potenciales, e implica exposiciones, marketing digital, agencias de relaciones públicas, y otras estrategias que iremos revisando. Cuando trabajamos sobre presupuestos, partimos del monto total que tendremos para la colección en puerta. Si sabemos que tenemos mil pesos para insumos, es lo que máximo que podremos gastar para ese rubro. Cada año iremos evaluando si es que es necesario asignar más o menos presupuesto a insumos, de acuerdo con los resultados obtenidos y las anotaciones que hagamos a nuestros propios registros.

El presupuesto es lo que planeas por cada área de la empresa, el monto que asignas a cada actividad. Cada etapa del proceso requiere un presupuesto diferente, y al inicio debes basarte en el monto que tienes de inversión o en un cálculo previo. Algunas áreas a considerar son las administrativas, operativas, de producción, de promoción y de experiencia. Revisa el calendario Q y planea mes a mes las actividades y los gastos a realizar. Cuando los desgloses, ve calculando el valor aproximado de cada concepto. Ya que tengas cotizaciones y gastos reales se volverá mucho más sencillo. Ahora el reto será decidir a qué concepto asignarle más o menos presupuesto de acuerdo con los resultados.

Para sintetizar la información desarrollamos un estado de resultados, que es bastante simple. Está dividido en cinco partes: ventas menos costos variables igual a utilidad bruta. Le restas los costos fijos, otros gastos operativos, la depreciación, los costos financieros y esto te da la utilidad antes de impuestos. Le restas los impuestos y te da tu utilidad neta. Si este resultado es un número negativo, aún no estás ganando sino perdiendo. Una vez que el resultado empiece a dar positivo, tienes presupuesto para reinvertirlo, repartirlo o ahorrarlo. Habrá que analizar si las ventas son bajas, si los costos variables son altos, o si podemos ahorrar algún costo fijo para empezar a rentabilizar el negocio.

Si aún no cuentas con un presupuesto en mano, evalúa de dónde va a salir ese dinero. Idealmente de tus ventas, aunque puede haber otras fuentes. La primera podrías ser tú, e invertir tus ahorros al negocio. La segunda puede ser tu familia o amigos que te quieran apoyar para crecer. La tercera puede ser *crowdfunding*, subes tu proyecto a una plataforma de financiamiento colectivo. La cuarta puede ser solicitar un crédito al gobierno, para ello revisa las convocatorias abiertas a nivel regional o federal. Puedes también pedir un préstamo al banco, participar en algún concurso internacional, pedir crédito a algún cliente o proveedor, o conseguir algún inversionista privado, llamados también "inversionistas ángeles". Como última opción carga la cuenta a tu tarjeta de crédito, pero recuerda que son las tasas más altas. Antes de elegir alguna de las anteriores opciones revisa nuevamente tu relación de gastos; puede ser que haya un par de ellos que puedan esperar.

PLANEACIÓN DE COLECCIONES

Una colección exitosa sucede cuando encontramos el producto adecuado, al precio adecuado, en el momento adecuado, para el cliente adecuado. Al cliente ya lo definiste; el momento nos lo sugiere el análisis de tendencias, entendamos tu arquitectura de precios de venta. Vas a analizar primero los rangos de precio de tu competencia directa, que te darán una pista del precio que el cliente está dispuesto a pagar por productos similares. Los vas a colocar en una tabla de precio menor al mayor, y vas a ordenar los distintos productos desde los básicos hasta los de tendencia.

Recuerda tu gráfica TIBA, con tres tipos de producto: el básico que incluye variantes de color, siluetas y colores básicos; el intermedio que incluye variantes de color, siluetas de moda y colores básicos, o siluetas básicas y colores de moda; y los productos de tendencia o alta moda, que incluyen variantes de color, así como siluetas de moda y colores de moda. El producto básico es el de menor precio, por ello de menor utilidad, mayor volumen de compra y por lo tanto de menor riesgo. El intermedio incrementa el precio y el porcentaje de utilidad, pero disminuye el volumen de compra aumentando un poco el riesgo. Y el producto de moda es el más caro, que tiene un mayor porcentaje de utilidad, disminuyendo el volumen de compra y aumentando el riesgo; por lo que debes planear otorgando más peso de producción a básicos e intermedios que al producto de tendencia.

Puedes jugar con elementos de diseño como el color, la forma, la silueta, la línea, el volumen, la simetría o asimetría, transparencias, la textura, el contraste, el patrón o el movimiento. Algunos detalles que agregan valor al acabado de un producto de gama intermedia o alta son: adornos, impresión digital, estampado, impresión de pantalla, bordado, sublimación, tejido de punto, aplicaciones, parches, transfer, etiquetas, materiales, herrajes, entre otros. Son detalles que el cliente final debe percibir y estar dispuesto a pagar la diferencia por el valor que le representa, ya sea por el acabado, los materiales, o por el mismo diseño. En ocasiones, las colaboraciones con artistas o famosos son las que incrementan el valor de un producto.

Cada colección tiene un ciclo de vida que inicia antes de lanzarla, cuando empiezas a producir material multimedia que está generando deseo. Cuando lanzas la colección debes hacer suficientes esfuerzos de difusión –muchos clientes buscan novedad– para que durante la etapa de crecimiento sea el mayor número de personas posible el que la adopte en los productos de moda. Llega la etapa de madurez en la que empiezas a competir por precios con otras marcas con productos similares, hasta que anuncias una nueva colección y empiezan las rebajas, justo antes de llegar a la etapa de declive, en la que las estrategias deben ser para minimizar las pérdidas y sacar el producto para dar lugar al nuevo.

Esto no sólo pasa con la industria de moda. Piensa en el lanzamiento de un teléfono celular. Antes de que aparezca en tiendas, tú ya lo estás viendo en espectaculares, ya viste el lanzamiento oficial de la marca por internet e incluso algún *unboxing* en redes sociales. Las marcas de tecnología hacen inversiones importantes antes de que el producto empiece a comercializarse, para generar intriga y el deseo de ser los primeros en adquirirlo. Cuando aparece a la venta mucha gente lo compra de inmediato para lucirlo antes que el resto. Mientras tanto otras marcas están lanzando productos similares, incluso a menor precio, y empieza a perderse la novedad. Así que es momento de lanzar algo aún mejor y más nuevo que sabemos que, en cuanto salga, el que acababan de comprar empezará a estar a la venta en tiendas de segunda mano o con descuento en tiendas departamentales. Y ese es el ciclo de la vida de un producto.

Constantemente mide la rentabilidad y el desplazamiento de tus productos y de tu colección. Una vez que elabores la estrategia comercial, la planeación de la colección, la estructura de precios y el calendario comercial, analiza tus ventas e inventarios contra tu planeación de compras, y mide la rotación de producto en los distintos canales comerciales. Hay estrategias que veremos próximamente para lanzar y desplazar producto en puntos de venta, como la promoción y el visual *merchandising*. Recuerda que los datos trasladados a indicadores comerciales son una herramienta que te puede ayudar a tomar mejores decisiones y ser más rentable a corto plazo. ¿Ya lo agregaste a tu calendario Q: prelanzamiento, lanzamiento, crecimiento, madurez y declive?

PLAN DE NEGOCIOS

Todas las ideas son buenas ideas, siempre y cuando sean viables, escalables, replicables e innovadoras.

Si quieres desarrollar tu plan de negocios estás en la etapa de hacerlo. Yo aprendí a hacerlo en la universidad y me resultó muy útil como herramienta de aprendizaje, mas no de emprendimiento. Desarrollé más de cinco planes de negocios durante la carrera, y la sensación en cuanto terminaba de maquetarlo e imprimirlo era de que había invertido meses enteros en desarrollar un escrito que quizá pude haber invertido en poner el mismo proyecto en marcha y validado con clientes reales, lo que habría aumentado la plusvalía al presentarlo ante cualquier inversionista.

Incluso así, recibo muchas solicitudes para desarrollar planes de negocio. Para lo que sí te recomendaría desarrollarlo es para ordenar tus ideas y darle importancia a temas que tal vez no tenías considerados. Lo principal que debes desglosar, por orden y resumido, es:

1. **Resumen ejecutivo**

   Resume tu plan de negocios con tu propuesta de valor, el potencial de mercado, tu equipo e información financiera.

2. **Descripción de la empresa**

   Comparte tu misión, visión y valores, aquello que describa tus productos y/o servicios de forma inspiracional y concreta.

3. **Organización**

   ¿Cuál es tu rol en la empresa y quién es tu equipo? Define tus objetivos, organigrama y políticas operativas.

4. **Plan de Marketing**

   Identifica a tus clientes: ¿Quiénes son? ¿Dónde se encuentran? ¿Cuántos son? ¿Cuál es el ADN de tu marca? ¿Qué atraerá a los medios? ¿Cuál es el presupuesto asignado?

   Identifica a tu competencia, tu diferenciador, oportunidades, riesgos, políticas de precios, publicidad, promoción y estrategia comercial.

   Justifica el precio, producto, plaza, promoción, el entorno físico, la gente (cultura organizacional) y los procesos, principalmente si ofreces servicios.

5. **Plan Operativo**

   ¿Quiénes son tus proveedores? ¿Desde dónde operas? Describe tu estrategia de producción, instalaciones físicas, maquinaria, medidas de seguridad y consideraciones de calidad.

6. **Plan financiero**

   ¿Cuáles son los objetivos de financiamiento, inversión, tus indicadores históricos y proyecciones financieras?

7. **Aspectos Legales**

¿Cuál es tu forma legal? Describe tus obligaciones fiscales. Y si tienes registros o trámites –de propiedad intelectual, por ejemplo–.

Puedes incluir anexos que te ayuden a sustentar la información que describes en los distintos apartados. Podría ser más específica en cada uno, y lo seré en los distintos capítulos con herramientas prácticas.

Me pareció importante cerrar el capítulo de Modelo X platicándote acerca del lienzo de modelo de negocios. Se dice que es el diagrama de tu negocio, mientras que el plan de negocios es el documento que los inversionistas te hacen escribir, pero no leen.

El lienzo está dividido en 9 partes, empezando por tus segmentos de clientes, tu propuesta de valor, relación con clientes y canales. Analizas las distintas alternativas de fuentes de ingresos, tus socios estratégicos, recursos y actividades clave, para finalizar analizando tu estructura de costos. Lo interesante es que es un lienzo que completas con *post-its* a modo de lluvia de ideas.

Modelo de negocios

https://www.lauraerre.com/post/lienzo-de-modelo-de-negocios-o-business-model-canvas

Mi invitación es a diseñar tu propio modelo en el que arranques con tu calendario Q, mensual y semanal y vayas colocando cada paso de tu proceso con sus respectivas duraciones, responsabilidades y tareas. Ahora sí, el que sigue es mi capítulo favorito, ¿quieres posicionar una marca que trascienda?

Enlista ideas de cómo puedes generar ingresos, usa tu creatividad:

_____

_____

_____

_____

_____

_____

_____

_____

_____

_____

_____

_____

_____

_____

_____

_____

_____

_____

_____

Capítulo 5
POSICIONAMIENTO

"El arte del Marketing es el arte de construir una marca. Si usted no es una marca, es una mercancía (commodity). En este caso, el precio lo es todo, y el productor a bajo costo es el único que gana"
(Philip Kotler)

Si estás construyendo una marca, hay tres tipos de nombres. El descriptivo es el que te deje claro el servicio o producto que ofreces de forma casi literal. El segundo es más conceptual, describe el estilo de vida, la solución, o es una mezcla de las palabras clave que fonéticamente sea fácil de pronunciar. El tercero es random o aleatorio. Sea cual sea el nombre que elijas, tu marca debe trascender las modas e interpretarlas como una evolución del propio lenguaje, respetando los códigos originales y permanentes que han dado vida a la identidad de la marca misma.

Las personas no compran productos, compran estilo de vida y comparten experiencias. Piensa en una marca que más que vestidos de novias vende ilusión: Pronovias. Piensa en la que más que cremas rejuvenecedoras vende esperanza: Nivea. Piensa en la que más que lencería vende seducción: Victoria's Secret. O piensa en la gran cadena que más que ropa vende estilo: Zara. Ese branding emocional lo debes impregnar en tu página en internet, en el producto, en la comunicación, en cada promesa o mensaje, en la venta directa, cuando elijas un embajador de marca o alguna colaboración, incluso al describir la identidad y personalidad de la marca.

El posicionamiento es un ciclo. Primero, el cliente es atraído por la marca, cree en sus valores, se establece una conexión con la identidad de marca y le gusta la oferta. El cliente después compra la marca, y entonces la imagen es positiva o negativa. Cuando la marca es incapaz de entregar lo prometido o no cumple con las expectativas del cliente, es negativa. Si en cambio se cumplen o superan las expectativas, el cliente se vuelve leal y repite la compra, compartiendo un mensaje positivo sobre la marca. La marca es el nombre, el término, el símbolo, el diseño, la trascendencia, los antecedentes, el concepto, la personalidad, los atributos y principios. El marketing es la atención, las campañas publicitarias, novedades estilísticas, tendencias de éxito, la promoción, la coordinación de un equipo de desarrollo de producto y compradores, márgenes de beneficio, estrategias de precio, entre otros. Esto, en conjunto, va conformando el posicionamiento.

TU MARCA

En una ocasión cité a dos socios en un café de una zona comercial en Guadalajara. Es un café con terraza, de sillones muy cómodos y ambiente acogedor. Es la tercera sesión con Rodrigo y ese día me tocaría conocer a su socio comercial. Llegué justo a la hora de la cita y ya habían llegado. Me presentó amablemente a Manuel, su socio. "¿Gustan algo de tomar?" –preguntaba el mesero al tiempo que nos acercaba un servilletero–. Pedí mi café americano, mientras escuchaba atentamente sus avances del proyecto desde nuestra última sesión de consultoría. Ellos buscan lanzar una aplicación digital para dar servicio a la industria de modelaje. Aún no la lanzaban al mercado, así que a tiempo pudimos buscar otro nombre que empatizara más con sus usuarios. El socio tecnológico había propuesto un nombre que incluía la palabra .net, que daba una sensación de que la aplicación sería difícil de usar, más funcional que visualmente atractiva. Por lo que hicimos un ejercicio de ideación.

Iniciamos con palabras clave, definiendo su solución y la necesidad que cubrían. Las palabras clave son las que con frecuencia vas a usar en tu comunicación; son aquellas con las que buscas que tu cliente te identifique, o las que tu cliente usaría para encontrarte en Google antes de conocerte. Escribe 20 palabras clave.

Haz una primera lluvia de ideas usando tus palabras clave. Escribe posibles nombres de marca que resulten obvios para la persona que los lee, relacionados con tu concepto de marca. Por ejemplo, Fashion Startup Lab resulta una mezcla de palabras que viene de moda, metodología y emprendimiento. Si te digo que es una incubadora de negocios de moda seguramente ya lo imaginabas, porque el mismo nombre te da pistas.

Después haz una segunda lista, con un juego de palabras o una mezcla de palabras. Por ejemplo, uniendo las primeras sílabas de los nombres de tu socio y tuyo, una mezcla haciendo referencia a los servicios que complementan tu marca, a tu slogan o hashtag, al estilo de vida. Puede incluso ser una palabra en otro idioma, cuyo significado tenga una razón de ser. Por ejemplo, cuando diseñé el título de este libro, encontré que los títulos de los capítulos del libro podían formar la palabra SIEMPRE (Sistema, Innovación, Expectativa, Modelo X, Posicionamiento, Relaciones y Experiencia 360°), que conforman: Tu Negocio SIEMPRE a la Moda.

Y ahora una tercera lista, en la que incluyas palabras al azar, que te gusten por cortas, por fáciles de aprender o por algún tema sentimental. Puede ser el nombre de tu hija, tu mascota, todo aquello que te venga a la mente. Por ejemplo, yo uso una computadora que tiene el nombre de una fruta.

Recuerda que este ejercicio es creativo, no te limites, anota todo aquello que te venga a la mente. Si tienes algún socio háganlo juntos, se van a divertir. Y una vez que tengan al menos diez posibles nombres en cada lista, analicen si es fácil de pronunciar, si es fácil de memorizar y si es atractivo.

Te recomiendo que elijas varias opciones de nombre –al menos tres–, ya que hay tres filtros más. El primero es si está disponible el dominio en las redes sociales que usarás al mediano plazo, por ejemplo, Facebook, Instagram o Pinterest. Te recomiendo que sea igual en todos. Por ejemplo, Fashion Startup no estaba disponible, así que le agregamos el mx para que nos pudieras encontrar igual en todas las redes sociales:

https://www.fashionstartup.mx/

https://www.instagram.com/fashionstartupmx/

https://www.facebook.com/fashionstartupmx/

https://www.linkedin.com/company/fashionstartupmx

El segundo es un ejercicio de validación. Acércate con al menos 10 personas que consideras que son tu cliente ideal y haz un par de preguntas. Si tienes una marca de ropa de dormir, por ejemplo, podrías preguntar lo siguiente:

¿Qué es lo primero que te viene a la mente cuando te digo prenda para dormir?

¿Cómo buscarías en Google esta prenda?

Si quisieras comprar una de estas prendas para ti o para algún familiar, ¿dónde buscarías primero: Google, Youtube, Facebook, Instagram o algún otro?

De estos tres nombres, ¿cuál relacionas más con prendas para dormir: Mi pijama de ensueño, Oveja coqueta, Dulce descanso?

El tercer filtro es el IMPI (Instituto Mexicano de la Propiedad Industrial). Puedes hacer la búsqueda fonética antes o después, lo importante es que encuentres tu marca disponible. Y la disponibilidad no te asegura el registro. Una vez que presentes la documentación y sellen tu solicitud, son aproximadamente seis meses para que recibas una respuesta de si te otorgan o no la marca. Lo bueno es que ya casi el 100% del trámite se puede hacer en línea. La recomendación es asesorarte con un abogado de propiedad intelectual que te ayude a analizar y elevar las probabilidades de éxito, y quién pueda dar seguimiento al proceso en caso de existir anterioridades a tu marca o alguna respuesta negativa. Busca el equivalente al IMPI en tu país, el organismo que proteja marcas.

Registra tu marca
https://www.lauraerre.com/post/registra-tu-marca-ante-el-impi

En una ocasión, llegó a la incubadora una emprendedora que llevaba más de dos años comercializando su marca bajo un nombre que, durante la sesión del programa en la que revisamos los temas legales y de registro de marca, descubrió que no sólo no estaba disponible, sino que una marca internacional prestigiosa lo tenía registrado. Me llamó asustada.

¿Qué hago? –me dice retóricamente tras un breve silencio–, voy a tener que cambiar mi marca – concluye con voz decepcionada.

Efectivamente, Mariana tuvo que cambiar su nombre. Decidió mantener su logo, pero aun así tuvo que modificar etiquetas, página web, dominio, Facebook, Instagram, contenido gráfico, links de compra, tarjetas de presentación, volantes... Además del costo implicado en todo esto, tuvo que comunicar a su comunidad el cambio; y a puntos de venta y a potenciales compradores, que su marca viviría una evolución que le permitiría seguir creciendo en el mercado nacional e internacional.

Ojalá no te pase lo que a Mariana, pues aunque no fue el fin del mundo, se perdió tiempo, dinero y esfuerzo en algo que pudimos haber evitado en etapas iniciales.

Como estrategia de marca, en un futuro que vayas creciendo puedes tener tu marca como marca única para varios productos o servicios, puedes encontrar una marca fuerte y jugar con variaciones, puedes tener marcas múltiples, segundas marcas, alianzas con otras marcas o hacer *cobranding*. Por ejemplo, grupo Inditex está conformado por varias marcas, entre ellas, Zara, Zara Home, Stradivarius, Massimo Dutti, Oysho, entre otras. Hay marcas de moda que han hecho colaboraciones con artistas, celebridades o incluso con otras marcas de moda, que ya hemos visto en capítulos anteriores. Otro ejemplo es Giorgio Armani, Emporio Armani, Armani Exchange, Armani Jeans, que son segundas marcas de distintos estilos.

Tu marca es reputación; estás haciendo una promesa de valor para generar confianza con tu musa; estás diseñando cómo quieres ser percibida como empresa, y así diferenciarte de la competencia. Tu marca debe recordarse con facilidad, significar algo, gustar, ser fácilmente transferible a otro idioma, adaptarse incluso a largo plazo, y protegerse.

El logotipo debe ser igualmente legible. La tipografía y los colores deben representar lo que busques expresar. Piensa si es formalidad, romanticismo, alegría, diversión, o protesta. Quizá puedas agregar algún imagotipo o símbolo que pueda complementar a las letras. Puede incluso ser algún personaje o figura. Un diseñador te puede apoyar a encontrar la forma de expresar gráficamente lo que buscas. Aunque es importante que tengas claro el concepto, también es importante que lo dejes proponer. Cuando te entregue la propuesta pídele que te la justifique y que te entregue el manual de identidad de marca. Te servirá cuando quieras agregar tu logotipo a algún producto promocional o a una parrilla de logotipos.

Algunos objetivos de la identidad corporativa son: definir el sentido de tu personalidad y cultura organizacional, impulsar nuevos productos o servicios, reforzar el espíritu de liderazgo y de pertenencia, generando así opinión interna y pública favorable. Es por ello que las características de la marca deben ser homogéneas en todos los medios de comunicación, el nombre debe ser corto, fácil de recordar y de deletrear. La marca debe transmitir individualidad y originalidad a través de una paleta de color y una tipografía distintivas.

Reflexiona, ¿qué sensaciones deseas despertar en tus clientes y consumidores potenciales?, ¿qué conexiones emocionales asociarán ellos con tu empresa?

COLORES Y FORMAS

Primero define tus características, por ejemplo, quiero ser divertido, joven y fresco. Después elige dos colores, tres como máximo, porque más colores saturan. Idealmente, las personas deberán identificarte tal y como hicimos en el primer ejercicio del capítulo con las marcas que rigen distintas industrias. Para ello debes siempre usar el mismo o los mismos colores de tu logotipo. Hay personas que llegan con ideas creativas de cambiar el color del logotipo de acuerdo con la temporada, y sugiero que mejor elijas y te cases con aquel color, o par de colores, que las personas empiecen a identificar contigo siempre.

Cada color transmite algo distinto. El color verde suele relacionarse a temas de sustentabilidad, ética, frescura, productos orgánicos o naturales. El rojo transmite dinamismo, calidez, pasión, energía, peligro y agresividad. El color azul es profesional, serio, transmite integridad, sinceridad, calma. El amarillo es cálido, amable, positivo, estimulante, alegre y luminoso. El naranja es innovador, moderno, joven, divertido y transmite vitalidad. El violeta es lujo, realeza, transmite sabiduría, dignidad, misterio y espiritualidad. El rosa es divertido, presumido, inocente, femenino, delicado y romántico. El gris representa autoridad, opacidad, sencillez, respeto y humildad. En la maestría me recalcaron mucho que el gris es el color no color, es neutral y puede usarse como complemento porque no le estorba a ningún otro color. El negro es poderoso, sofisticado, transmite prestigio, valor y muerte. Es un color atemporal y contrastante. Los colores brillantes se usan para líneas infantiles.

Los colores blanco y negro están presentes siempre. Por ejemplo, cuando piensas en mandar imprimir tu logotipo usualmente lo colocas sobre blanco, para que luzcan todos los elementos en su máxima expresión. Cuando lo colocas sobre negro o algún color contrastante, usualmente le llamamos negativo. Tu logotipo deberá ser blanco, haciendo contraste con el color de fondo y sin perder su forma. Por ello debe ser un logotipo claro y sin elementos que se puedan perder en un color sólido.

Las tipografías también tienen significados. Por ejemplo, la serif transmite respeto, tradición, autoridad, formalidad y sofisticación. Es usada mucho en el mundo académico y de la moda. Marcas como Dior, Ralph Lauren, y LOB la usan. Sans serif es moderna, limpia, clara, humanista y estable. Marcas como FedEx y Spotify la usan. Facilitan la lectura y están relacionadas con entretenimiento. Script es elegante, clásica y formal; aparenta estilo, seducción y personalización. Disney y Kellogg's la usan. Son logos llamativos, pero más difíciles de leer.

Las formas también son importantes. Las formas redondas son más cálidas, femeninas, representan comunidad y amor. Las más cuadradas y rectangulares representan estabilidad y balance, las triangulares son más masculinas y poderosas.

Y ahora sí, llegó el momento de trabajar en tu marca. Si ya tienes un logotipo haz una prueba: si cubres tu logotipo en un anuncio o fotografía frente a clientes o prospectos, ¿aún saben qué marca es? La identidad es así, debe ser fácil de recordar e identificar.

Reflexiona, si el branding es como un atuendo que se porta para expresar un estilo y filosofía individual, ¿qué atuendo viste tu marca? ¿Transmite lo que deseas que comunique? ¿Atrae al cliente adecuado? ¿Destaca de los demás competidores?

RECORDABLE vs. INOLVIDABLE

Quiero que pienses en la marca que usa al oso navideño, conocida por su bebida que se sirve en un envase rojo: Coca Cola.

Ahora piensa en un sitio cómodo de café, con buen internet y excelente servicio: Starbucks.

Cuando piensas en buscar algo en internet, ¿en qué marca piensas? Google.

Todas estas marcas que se te vienen a la mente cuando piensas en un producto se van posicionando en distintos cajones en tu cerebro. Conforme creces, aprendes, convives con ellas, están presentes en diferentes momentos de tu vida. Las marcas que más recuerdas o las primeras en las que piensas seguramente llevan años siendo consistentes, cumplen su función y generan valor. Son aquellas que inspiran lealtad más allá de la razón.

Pero hay otros factores que las vuelven inolvidables, y tienen que ver con innovación, compromiso, reputación, integridad, responsabilidad, servicio, diseño y confianza. Las marcas debemos tejer relaciones con nuestros clientes, contar historias, y comunicar de forma apasionada; no sólo dar información, sino contagiar ese amor por nuestra marca. Para generar la lealtad de un cliente se le debe involucrar, y estar comprometidos al cambio, ya que es lo que le da vida a la marca. Piensa en qué es lo que hace a tu marca icónica, qué es lo que inspira.

Y ahora cuenta una historia. Usa tu pasado, tu presente y tu futuro para transmitir aspiraciones, objetivos, o sueños que generen misterio. Elige tu mística y tus íconos, o incluso personajes construidos para inspirar, que sean interesantes y nos sorprendan a lo largo de la historia. Platícanos cuál fue su reto y cómo lo superaron, mientras nos transportas a su estilo de vida. Puede ser una historia entretenida, educacional o memorable. La puedes narrar por escrito o en algún formato multimedia. Estimula los sentidos, que es el camino más rápido a las emociones. Lo que buscas es generar una conexión y curiosidad acerca de tu marca. Te comparto algunas historias increíbles de marcas de moda en mi sitio.

Storytelling
https://www.lauraerre.com/post/storytelling-y-branding-es-lo-mismo

MAPA DE MARCA

La marca no es únicamente un logotipo, sino una conexión emocional, algo diferente e inolvidable, la suma de aquel valor intangible que ofreces. Y esa conexión la logras comunicando un mensaje, un *statement*. Aquel que más te inspire y con el que tu musa se sienta más identificada. Toma una hoja blanca y coloca un signo de gato al centro. Coloca un círculo alrededor, estás por hacer un mapa mental.

Ya sabes quién es tu musa, y ya sabes qué piensa, qué siente, qué hace y con quién. Piensa en su necesidad, en su deseo, ¿qué es lo que esta persona más desea? ¿Cuál es su mayor frustración? ¿O qué es lo que más le emociona? Recuerda que las personas queremos dos cosas: reducir nuestro dolor o aumentar nuestro placer. Necesito que encuentres una frase que conecte con su emoción. No me hables de la funcionalidad de producto, sino de aquello que le resuelva un problema que le esté generando frustración o que le esté provocando una emoción o placer. Empieza a definir esa frase que colocarás en la etiqueta al centro de la hoja. Piensa en las siguientes respuestas:

¿Qué es aquello que buscas resolver a través de tu marca?

¿Cuál es tu movimiento?

¿Qué es lo que más te impulsa y va a motivar a tu musa acerca de tu marca?

Responde estas preguntas pensando en el propósito de tu marca. Tú buscas que no sólo una, sino cientos y miles de personas se identifiquen con ella y empiecen a formar una comunidad alrededor tuyo. Lo más seguro es que ya formen parte de una tribu y tú te conviertas en ese símbolo que genere un sentido de pertenencia. Por ejemplo, ¿te suena la frase "just do it" (sólo hazlo)? La relacionas a una marca que vende calzado y ropa deportiva: Nike, ¿cierto? Pero podrían también vender artículos para gimnasios, barras, o bebidas energéticas. Y es donde te puedes dar cuenta de que el producto pasa a segundo plano.

Tu frase debe ser aquello que te diferencie del resto, que te conecte con tu musa y que te ayude a aclarar el estilo de vida de tu marca. Y ahora sí, ¿cuál es el llamado a la acción que promueves como marca? Resúmelo en un *hashtag* o etiqueta "#" en modo imperativo y colócalo al centro de tu hoja.

Por ejemplo:

#sólohazlo

#empodératemujer

#vístetedeméxico

Un mapa mental es un diagrama usado para representar palabras, ideas, o conceptos ligados a través de una idea central. Una vez que tienes tu idea central, comienza a anotar ideas sueltas alrededor. Olvidándote de tu producto o servicio y concentrándote en esta frase al centro de tu hoja, anota todo aquello que te venga a la mente. Por ejemplo, #empodératemujer puede relacionarse con palabras como autoestima, seguridad, decisión, fuerza, poder femenino. A su vez, puede relacionarse con la actriz Angelina Jolie o la cantante Shakira. También la puedes relacionar con organizaciones como la FEM (Foro Económico Mundial), con congresos como *We-Connect*, con canciones, libros o películas.

Desarrolla tu mapa mental tan extenso como quieras y puedas. Esto te va a dar bastantes ideas de otras personas, marcas, *influencers* que hablan nuestro mismo idioma a nuestra misma comunidad o tribu. Sé lo más específico que se pueda, incluye nombres de personas, nombres de lugares concretos en tu ciudad u otras ciudades, nombres de conciertos, investiga títulos de películas o libros, marcas, no importa que no sean de tu sector o producto, siempre y cuando giren en torno al mismo tema o llamado a la acción. Escribe incluso, debajo de sus nombres, otros hashtags o etiquetas que ellos usan.

A este ejercicio lo llamaremos Mapa de Marca, y nos va a servir para siguientes capítulos, así que #sólohazlo.

Mapa de marca

https://www.lauraerre.com/post/mapa-de-marca-tu-guia-de-posicionamiento

LANZA TU MARCA

Cuando ya tenemos una historia qué contar, es hora de contarla. Cuenta los días para el gran lanzamiento. Algo importante para todo lanzamiento es el prelanzamiento. Ya lo identificaste en el ciclo de vida de un producto, de una colección y ahora de tu marca. Si fuéramos a definir esta campaña, sería misteriosa, aspiracional, con un toque de historia y coqueteo. Debemos decirles a todos por qué tienen que estar atentos, pero no decirles exactamente lo que viene. Suena contradictorio, pero estas campañas son exitosas siempre y cuando dejes algo a la imaginación, a tu musa en suspenso.

¿Hace cuánto tiempo que fuiste a ver una película en el cine? Antes de lanzar la película empiezas a ver anuncios en las calles, en redes sociales; ves incluso un vídeo con una breve reseña de lo que va a tratar la película. Pero te dejan con más ganas de verla, porque si te gustó el anuncio o el vídeo, seguro el resto te va a gustar aún más. A estas campañas se les llama en inglés *teaser*.

Otras ideas para llamar la atención de clientes potenciales son: colaboraciones con marcas, artistas o aliados, campaña de correos electrónicos con un llamado a la acción, campaña con promociones en redes sociales a cambio de interacción y compartir contenido, fotografías en redes sociales con modelos luciendo tu marca y contando tu historia de forma aspiracional, inversión en pauta en redes sociales, contratar o regalar piezas a *influencers*, campaña en colaboración con tienda física, marketing de guerrilla en espacios públicos, un post en algún blog hablando de tu marca, anunciar promociones en tiendas en línea, sistema de referidos digital o boca en boca, ediciones limitadas, rueda de prensa, pop-up store o tienda temporal con experiencia de compra única, mensaje en postal o nota de su primera compra motivando a la recompra, participar en eventos locales con activaciones de tu marca, descuentos especiales para negocios locales, entre otras.

El lanzamiento debe ser un evento que resuma el concepto de forma creativa, y con invitados que se sumen a la difusión y crecimiento de la marca. Antes del evento debes considerar sede, mobiliario, lista de invitados especiales, guión del maestro de ceremonias, canapés, bebidas, loza, cristalería, mantelería, itinerario, invitaciones, *press kit*, fotógrafo, camarógrafo, registro o confirmaciones, roles de tu equipo, lista de posibles estacionamientos, lista de contactos de proveedores e invitados especiales, entre muchos otros detalles, de acuerdo al tipo de evento que estás organizando. Si es una pasarela, por ejemplo, debes considerar iluminación, audio, montaje, prueba de vestuario, casting, modelos, música, maquillaje, peinado, coreografía, incluso ensayos. Si es un evento privado para compradores debes considerar los catálogos impresos, formato de levantamiento de pedidos, métodos de pago, formato para base de datos de clientes, entre otros. La intención del evento es llamar la atención de mayoristas, *influencers* y clientes potenciales.

No tires la casa por la ventana, básate en tu presupuesto y en tus aliados. No olvides que el prelanzamiento permite que los clientes potenciales sientan algún beneficio en dejar su información, o estar pendientes del lanzamiento oficial y ser los primeros en tener acceso a la nueva colección. No te saltes esta etapa y quieras iniciar las ventas antes de tiempo. Cuéntanos qué idea se te ocurrió para el lanzamiento de tu marca o de tu próxima colección.

Plan de lanzamiento
https://www.lauraerre.com/post/lanza-tu-marca

INFLUENCERS

Ya dijimos que un influencer es una persona con credibilidad sobre un tema concreto y en una comunidad determinada. Un influencer digital es una persona con gran presencia y credibilidad en redes sociales, ya sea por sus conocimientos y experiencia en determinado sector, o porque le sigue una comunidad en la que puede provocar ciertas actitudes y acciones entre sus seguidores cuando hace mención o recomendación de alguna marca o empresa. Lo que debes buscar en una campaña con un *influencer*, además de aumentar la notoriedad de marca, es la generación de prospectos que a su vez aumente tus ventas, o hacer estrategias de venta cruzada. Que relacionen tu producto como complemento de otros productos: con cierto *look*, por ejemplo, iría perfecto tu bolso, tus zapatos o tu vestido.

Normalmente, experimentan con la marca y a partir de ahí generan una opinión personal que suele ser compartida por su comunidad de seguidores, generando una mayor notoriedad y alcance. Hay embajadores a los que se les paga por hacer mención y recomendar un servicio o producto. Las acciones las deciden las marcas. Los defensores son los fans de la marca, a los que les gusta compartir experiencias con otros usuarios. Hay ciudadanos que son los que tienen buena reputación entre sus amigos y seguidores, y profesionales que aportan información y contenido de valor.

Para que un *influencer* se interese en tu marca, primero debes interesarte en investigar el contenido que publican, el que más éxito tiene, cómo puedes mejorarlo o complementarlo, e inclusive ofrecer una experiencia innovadora. Esperan realizar alguna actividad a la que normalmente no tienen acceso, aprender algo nuevo, aumentar su red de contactos, y tener libertad total para publicar acerca de la experiencia con la marca. Además, la información que les des debe ser exclusiva y valiosa, incluso los eventos a los que los convoques. El préstamo de producto no es suficiente. Puedes hacer un evento online, un evento offline, viajes, en fin, sé creativo.

Para encontrar al ideal, busca primero tus palabras clave y a los *influencers* relacionados; investiga uno por uno y enlístalos. Lee sobre ellos en otros sitios e intenta asistir a alguna reunión o evento para conocerlos en persona. Debes conocer su reputación en línea, su audiencia potencial, en qué canales está presente y cómo los maneja, su alcance, y si es capaz de tatuarse tu marca. Una vez que lo encuentres, lo contactes y lo contrates, mide la cantidad de publicaciones, la calidad, el compromiso y fidelidad de sus seguidores, su credibilidad y qué resultados obtuvo para tu marca, ¿aumentaron tus ventas, tus seguidores, tu interacción?

Influencers

https://www.lauraerre.com/post/influencers-de-moda-como-cuanto-y-con-quien

El posicionamiento es una estrategia comercial que pretende conseguir que tu marca ocupe un lugar distintivo, relativo a la competencia, en la mente de tu consumidor. La mente de tu musa es como un armario lleno de cajones, y cada cajón tiene una etiqueta en el exterior. Las etiquetas representan atributos o características. Y cada cajón, cuando lo abres, tiene a una marca dentro. Si tu mensaje es claro y ya identificaste qué es lo que haces mejor que nadie, y tu prospecto lo distingue, te guardará en un cajón. No te va a guardar en más, así que no intentes confundirlo con varios atributos. Entonces, cuando piense en ese atributo, pensará en tu marca. Duda, ¿qué cajón elegiste?

BRIEF DE COMUNICACIÓN

¿Alguna vez has llamado por teléfono a Distroller? Un día haz el intento. A mí me pasó que, tal como yo imaginaba al personaje, viví la experiencia y fue inolvidable. ¿Sabías que incluso en redes sociales adaptaron el lenguaje de la "efe"? Le llaman a su idioma Distrología, e incluso encuentras clases de sus lenguajes "efe", "agara" y "cuti" en youtube que dan algunos embajadores de marca. Tienen una lista de personajes que también dan vida a la marca, entre los que está la enfermera Tania, por ejemplo, que da consultas "médicas" a los neonatos. Incluso de forma interna, con el equipo de trabajo, comparten el espíritu con decoración, correos, juntas informativas, y además tienen una tienda interna para que prueben y recomienden el producto.

La comunicación la puedes manejar tú, alguna otra persona de tu equipo o una empresa externa. Para ello se desarrolla un *brief* de comunicación, que es la herramienta que sirve para conocer e identificar diferentes aspectos relacionados con la empresa-cliente, con el fin de poderle presentar una propuesta que se ajuste de la mejor manera a tus necesidades específicas y que esté en consonancia con tus valores y posicionamiento. El brief incluye tu logotipo, marca, musa, la historia de tu marca o empresa, tu propuesta de valor, tu rango de precios, el manual de identidad corporativa, tu alcance actual –en físico y en línea–. Pero también hace falta comunicar tu identidad de marca.

Si tu marca fuera una persona, qué edad tiene, cómo es, a qué se dedica y qué medios utiliza. Así como Distroller, mientras mejor definida esté nuestra persona o personaje, mejor sabemos el tono de comunicación, las frases más comunes, la forma de responder a cualquier duda, queja o crisis. El día a día es responder a preguntas básicas, aunque también existen situaciones en las que debamos responder con honestidad a alguna situación atípica o inesperada.

Analiza cómo responderá en cada red social y cuál es el objetivo de cada una. Por ejemplo, hay quienes utilizan Facebook para vender, otros para informar y otros para crear comunidad. Les vamos a llamar "canales de comunicación", ¿qué es lo que quieres lograr en cada uno de los canales? Si quieres que te llamen, que te escriban por alguna red social, que encuentren preguntas frecuentes en tu sitio web, que te compren a través de algún sitio transaccional, o que te visiten en algún punto de venta físico, cada uno de estos canales debes evaluarlo, elegirlo con cautela, y si decides abrir la comunicación a través de ese canal, hacerlo bien, a tiempo, dedicarle tiempo suficiente a idear la mejor experiencia que tu musa podría vivir. Recuerda que las personas no compran productos, compran estilo de vida y comparten experiencias.

¿Cuál es el estilo de tu marca? Piensa si es formal, es juguetona, es interesante, es seductora, es romántica o quizá es aventurera. Esto se debe ver reflejado en los colores, en los mensajes, en los saludos y los promocionales. La mejor forma de elegir un estilo es conociendo las distintas alternativas de estilos que existen. Para ello te recomiendo revisar en internet y hacer captura de pantalla a todo lo que te llame la atención. Por ejemplo, frases que te gustaría usar, formas de expresar alguna situación, colores, tipografías, tipo de mensaje, entre muchos otros elementos que te pueden servir de inspiración y que seguro te ayudarán a ejemplificar lo que buscas con tu proveedor de servicios. Te comparto un formato en mi web, y puedes agregar lo que consideres necesario.

Brief de comunicación
https://www.lauraerre.com/post/brief-de-comunicacion

Una vez que se tiene claro cómo y en dónde comunicar, ahora se debe establecer qué comunicar. Lo primero que debes tomar en cuenta es la frase que desarrollaste en tu mapa de marca. Ese mensaje con el que vas a llegar a las fibras más sensibles de tu musa y su tribu. Debe tener el poder de llamar su atención en segundos. Recuerda que las personas tenemos dos motivaciones: la primera es aumentar el placer y la segunda es reducir el dolor. Así que el mensaje de tus campañas deberá ir orientado a cumplir su más íntimo deseo o necesidad. No pienses sólo en lo funcional, sino en lo aspiracional y emocional.

Cada mensaje siempre debe ir ligado a un objetivo y a un llamado a la acción. La forma correcta de iniciar un plan de comunicación es teniendo claro el objetivo de cada contenido que subimos o compartimos. Y si tu objetivo es que te compren, dilo; si quieres que te den "me gusta", dilo; si quieres que compartan, dilo; si quieres que etiqueten a alguien, dilo; si quieres que llenen algún formato o que confirmen su asistencia, dilo. Y ya será en el *dibrief* que la agencia de comunicación te haga comentarios, preguntas o contrapropuestas a tu brief, antes de empezar a diseñar la estrategia publicitaria.

Si la persona que está por manejar tu comunicación ya tiene información de tu marca, de qué quieres comunicar, en dónde y cómo, ahora es importante que le pidas resultados. Para ello debes definir qué es lo que quieres medir, tus KPIs. Por ejemplo, si decidiste que lo que quieres es generar ventas, mídelas. Si quieres generar tráfico en tu sitio o blog, mídelo. KPI: número de visitas al sitio. Si quieres seguidores en alguna red social, mídelos. KPI: número de "me gusta". Si quieres generar una base de datos de prospectos, mídelos. KPI: número de registros. Y también mide tu inversión y pídeles la comparativa de las distintas campañas. Te va a servir tener los métricos cada mes para tomar mejores decisiones.

Recuerda que lo que crezcas en los canales digitales es directamente proporcional a lo que inviertes en marketing, siempre y cuando esté bien manejado. También es importante para la identidad de marca y el *branding* lo que comunica tu equipo de trabajo, que son quienes abanderan o no a la marca como suya. Cuida su permanencia, su empoderamiento y su reputación. Ya me estoy adelantando al próximo capítulo: Relaciones.

Capítulo 6
RELACIONES

Siempre recuerdo al primer cliente de mi colección. Lo analizo y me inspiro en él para mi siguiente lanzamiento, además no le pierdo la pista. Quizá sea mi amuleto de la suerte, quizá mi mejor aliado, quizá incluso siga siendo mi cliente. Busco estar más cerca de él, en mayor contacto, que mi equipo sepa lo importante que fue y sigue siendo tejer una relación a largo plazo. Porque igual que con mi primer cliente, fortalezco mis relaciones con proveedores, aliados y colaboradores. Agradezco que formen parte del proyecto que sin ellos no habría crecido y no sería lo que es hoy.

¿Qué necesitas?, es la pregunta del millón. Recuerdo que en una ocasión le contaba a un viejo amigo –dueño de una cafetería– mi proyecto con mucho entusiasmo. Siempre me ha caracterizado la pasión, me brillan los ojos al narrar la historia. Así que cuando terminé de contarle cómo inició, qué me inspiró a hacer lo que hago, los retos por los que estaba pasando, la oportunidad que veía en la industria, Carlos me hizo la pregunta del millón: "¿Qué necesitas?". Me dejó en blanco, en ese momento no tenía la respuesta, no estaba lista. Estaba emocionada de ver los resultados, mas no supe qué pedirle.

Tú piensa que cualquier momento es un buen momento para contar tu proyecto y cautivar a un aliado. El aliado ideal sería aquel que le dé a tu proyecto algo que aún no tiene; por ejemplo: difusión, renombre, estructura, capacidad de producción, de entrega inmediata, tecnología, incluso inversión. Y las preguntas clave son: ¿Qué necesitas? ¿Por qué o para qué? ¿Quién te lo puede dar? ¿Dónde lo encuentras?

Un aliado, al igual que un socio, es una persona o empresa que comparte tus valores, tus ganas de sacar esto adelante; debe compartir tu "por qué". Y una vez que lo encuentres o sospeches de alguien, por más inalcanzable que se vea o creas que sea, acciona. Cuéntale tu proyecto, tu filosofía, tu "por qué", y quizá lo inspires a involucrarse y sumarse a tu causa. El miedo o la pena son limitantes comunes, pero ya para este momento hiciste lo más difícil: empezar. Muchas personas se quedan justo antes de empezar por miedo a fallar; tú ya llevas la delantera y no estás sólo.

RELACIÓN CON ALIADOS

¿Cómo busco y encuentro a mis aliados ideales? ¿Recuerdas el ejercicio que hiciste el capítulo pasado? Tu #mapademarca está lleno de sitios, autores, *influencers*, medios impresos y digitales. También tendrá alguna canción, película, libro o empresa importante para este segundo ejercicio. Si no está completo, complétalo, o haz una lista independiente de todos aquellos negocios o personajes locales, nacionales e internacionales que estén en tu mismo movimiento o llamado a la acción. También puedes ampliar la lista con personas que conoces, bazares o negocios locales, y de esta lista debe salir un par de aliados potenciales.

Una vez completa, es hora de ver cómo te quieres y puedes reunirte con los distintos aliados potenciales. Piensa, por ejemplo, que hay una actriz internacional en tu lista. Es hora de preguntarte si es el momento de contactarla o no. Todo depende de estos factores:

¿Tengo suficiente producto y capacidad de servicio para satisfacer la demanda? Si nos caen cien mensajes al otro día, ¿tengo forma de resolver dudas, confirmar pedidos y abastecerlos en tiempo y forma?

¿Tengo la infraestructura para vender y enviar productos al mercado internacional? Esto incluye tener costos y servicio de paquetería para envíos al extranjero, así como tu sitio y redes sociales traducidos al inglés, por ejemplo.

¿Tengo mi marca suficientemente posicionada en redes sociales como para generar credibilidad a la actriz? Y aquí sí estoy hablando de imagen, *likes* e interacción con tus posts, ya que es algo que todos revisamos antes de comprar.

¿Cuál es el estado actual de la persona a la que quiero contactar? ¿Cómo la ayudo o qué necesidad le resuelvo?

Si la respuesta a alguna de estas preguntas es no, mejor ni te arriesgues. Piensa global, actúa local. Comencemos con aquellos locales y personajes que tenemos cerca, a la mano. Si aun así te parecen lejanos e inalcanzables, te daré un par de consejos: Vamos a pensar que tienes en tu lista a Fashion Startup o a Laura Espinosa R. Para contactarme yo te recomendaría Linkedin o Instagram, de primera instancia. También puedes buscar mi correo en mi sitio web, o asistir a mi próxima conferencia y presentarte conmigo en persona.

Algo importante es que me ayudes a entender bien qué haces y qué necesitas. Las alianzas son importantes, siempre y cuando quede clara cuál es la intención, cómo es que suma a ambos proyectos. Es por ello que importa también la negociación. Debes pensar bien qué te gustaría recibir por parte de tu futuro aliado, y a la vez qué le vas a otorgar a cambio o qué va a ganar tu contraparte de esta alianza. Para ello primero investiga en su página web, artículos o redes sociales, si es que ha participado con alguien más, cómo lo ha hecho, con qué persona o marca, y de ser posible a qué acuerdo llegaron. Esto te ayudará como punto de partida.

Tus aliados pueden ser marcas con las que hagas una colaboración para el diseño de alguna colección, un *shooting* para alguna campaña, una alianza comercial en algún punto de venta o bazar, una participación en algún *give away* en redes sociales, un envío o asunto logístico o de producción, entre otros.

Otro aliado importante es tu primer punto de venta, tu primer distribuidor o tu primer cliente. Aquella persona que confía en tu proyecto cuando estás iniciando. Es la persona a la que le tendrás confianza para pedir ayuda y validar ciertas ideas o dudas que tengas acerca del proceso comercial. Esta relación debe ser aún más estrecha, sobre todo con la tienda. Al menos una vez al mes se hace corte de caja: ¿cuánto se vendió? ¿qué se vendió? ¿cuánto se debe? Ellos revisan el inventario contigo para revisar las existencias, resurtidos, devoluciones o pedidos en otra talla. Pídeles comentarios de clientes. En una ocasión, colocamos la primera colección de una de las marcas en una boutique muy conocida en la ciudad. Nos pasó que el comentario más común era que la talla mediana no les quedaba a las clientas medianas, y se ofendían. Así que se optó por hacer arreglos en patrón para que las tallas quedaran más atinadas.

Las relaciones son de confianza; sin embargo, es importante tener todo por escrito. Por ejemplo, al entregar producto se lleva la hoja de pedido, en la que se enlistan los códigos, los productos, las tallas, las cantidades, los precios de venta a tienda y precios de venta al público. Quien recibe firma esta relación, y así es como se va llevando el control de lo que se entrega y de lo que se debe, además hay una relación de lo que se tiene y de lo que se vende.

Cualquier aliado con el que inicies algún proyecto, por más corto que sea, procura que la relación sea a largo plazo. Ningún inconveniente menor vale la pena que ponga en riesgo dicha relación. Debes estar abierto a cambios de último minuto, a inconvenientes de algún tipo, o incluso a cancelaciones. Ya llegará el momento de colaborar, y debes dejar siempre las puertas abiertas a futuras oportunidades.

RELACIÓN CON CLIENTES

Un aliado es aquel que nos puede dar acceso a clientes potenciales, por lo que es importante mantener la relación con ellos. Para ello hay una herramienta que llamamos CRM, que básicamente ayuda a las empresas a mantener la lealtad de sus clientes cuidando del adecuado seguimiento a cada etapa que recorren con ellos. Piensa que cada cliente recorre un camino similar: encuentra tu marca en alguna campaña en redes sociales, entra al carrito de compra, explora tu sitio web, y compra. Si cada cliente fuera un robot lo harían así tal cual, pero como son personas, y las personas no compran productos sino estilo de vida y comparten experiencias, por ello debemos crear experiencias qué contar.

A Karla le gusta mucho comprar en línea. Sale de su oficina muy noche y no alcanza a ir a centros comerciales o tiendas a buscar. Casi no sube fotos suyas a Instagram, pero le gusta ver personas a las que sigue, y decide buscar un vestido nuevo para una presentación que tiene en dos semanas con un cliente. Quiere algo semi formal que la haga lucir elegante, pero a la moda. "No me encanta, se ve muy corto", dice frente a la pantalla con cara de disgusto. Encuentra uno que le gusta y no ve la liga, así que manda un mensaje. Se va a comer, para alcanzar a regresar a tiempo a su junta de las 4. Regresa a su escritorio por su laptop minutos antes de su reunión y le llega un mensaje de la marca, pidiéndole un dato de contacto. Se la piensa en dar su celular o correo. "Quizá más tarde", piensa, mientras camina hacia la sala de juntas. Aún no se conecta el cliente a la llamada y le llega un nuevo mensaje. Esta vez recibe un vídeo con el vestido sobre una modelo y la información completa de disponibilidad y formas de pago. Sí hay en su talla y decide comprarlo. Le pareció muy buena y rápida la atención. Le fue muy bien en su junta.

Tus canales: redes sociales, página web, chat, whatsapp, empresa de paquetería, son oportunidades para mejorar la relación que tienes con tus clientes. Analiza cómo te encuentran, cómo les haces llegar la información, cuánto tiempo tardas en cerrar una venta y cómo puedes mejorar cada paso del proceso de Karla. Tal vez le generó desconfianza el que no hubiera un sitio web, pero le generó confianza la rapidez de respuesta, y que le hicieran llegar un vídeo fue la cereza del pastel. Se convenció que era lo que estaba buscando. Incluso haz el mismo ejercicio con una tienda física, ¿cuál es el recorrido? Y no importa que no sea tienda física propiamente de la marca, ¿cómo estoy mejorando la relación con mis clientes en aquellos canales en los que está mi producto, mi marca o alguna oportunidad de intimar?

En el canal físico el primer gancho visual es el escaparate. Tu escaparate debe comunicar el estilo de tu marca, el concepto de temporada, el conjunto recomendado, de tal forma que en menos de dos segundos capte la atención de tu cliente potencial y entre. Toma en cuenta la señalización, el material requerido en punto de venta, el color, las formas y siluetas, el empaque, las etiquetas de marca y precio, así como la presentación del producto. Intenta ver la tienda desde el punto de vista del cliente. Si es tu escaparate, recuerda que debes lograr que el desarrollo de conceptos artísticos y creativos se implemente y se le pueda dar mantenimiento. Para ello también hay expertos en *visual merchandising* que se encargan de la estrategia y su adecuada ejecución.

Una vez que entra hay algo que llamamos el punto focal, es lo primero que ve al ingresar a una tienda o espacio. Generalmente está al centro y colocado como un pequeño escaparate dentro de la tienda, en el que colocarás los productos de la nueva temporada. El recorrido típico de una mujer inicia a la derecha, el de un hombre a la izquierda, y estarán buscando conjuntos, por lo que los productos estarán ordenados por estilos y colores. Al fondo, los productos rebajados y la caja, así recorrerán toda la tienda antes de pagar. Junto a la caja coloca los productos de compra por impulso, pequeños, más económicos que el resto, y que no requieran un proceso de decisión de compra exhaustivo. Pueden ser accesorios, cosméticos, o productos decorativos.

Al momento de cobrar haz que la persona se sienta cómoda. Puedes cobrar en efectivo o con tarjeta. Cuando una persona paga en efectivo, usualmente lleva billetes grandes, por lo que siempre debes considerar tener cambio en la caja. El proceso inconsciente cuando pagamos en efectivo es que nos desprendemos de dinero, mientras más grande sea el monto más es lo que dejamos ir. Por ejemplo, si pagamos algo de 200 con un billete de 500 nos estamos desprendiendo de los 500, ya que ese billete no volverá. En cambio, si pagamos con tarjeta no hay un desprendimiento como tal, la experiencia es más satisfactoria. Si se puede pagar a meses sin intereses, aún mejor, y así puedes ir incrementando alternativas que mejoren la experiencia.

Si la tienda es multimarca, y la tuya es una de las marcas, busca la forma de diferenciarte. Procura que tu producto resalte con tu etiqueta, con el gancho, con un escaparate personalizado en punto de venta, o empaques vistosos. Algunas marcas llevan piezas en dónde colocar sus productos, que resalten por el color de su marca, con algún logotipo impreso o tallado. Mientras sea del estilo de la tienda y no sea demasiado grande, no deberá haber problema para que lo coloquen en algún lugar estratégico. El tipo de producto no es limitante; yo he visto marcas de cinturones, de joyería, de esmaltes y hasta de ropa de niños.

No olvides que, si la persona no te conoce aún, entrará directo a la red social que más use y te buscará. La expectativa es que tengas tu logotipo, tu información y descripción de marca completa, tu página web −si es que la hay−, e imágenes que comuniquen la esencia de la marca. También esperará que respondas rápido. Se fijará en el número de seguidores y en los comentarios que hacen a tu página y a las últimas publicaciones que hayas subido. En tus redes sociales la comunicación debe ser muy sincera, no quieras apantallar con seriedad, imágenes perfectas y un tono elegante. Dependerá de la persona que hayas descrito en tu brief de comunicación. Lo más importante es que la persona que esté detrás de tus mensajes en redes sociales busque no sólo responder a dudas, sino entablar una conversación real hasta ir formando una relación con cada cliente o prospecto.

En el canal digital el primer gancho visual es la promoción, foto o vídeo en redes sociales. El contenido debe estar relacionado al objetivo que hayas establecido. Por ejemplo, si estás prelanzando una nueva colección, puedes hacer un vídeo contando la historia de inspiración y la fecha de lanzamiento. Así, cuando ya hayan visto varias veces la campaña, subes imágenes de la colección con el botón "comprar" y van a querer entrar a la tienda a verla completa. Habrá gente que busca la promoción, así que cuando haya una temporada de rebaja sube una foto e incluye el porcentaje de descuento; ¿resultado? irán a tu tienda.

El gancho en una página web es el banner de la página de inicio. El sitio debe ser responsivo, hoy debe ser pensado primero para el celular y posteriormente para computadora. ¿En dónde tienes el llamado a la acción? ¿La información se entiende? ¿El diseño corresponde al de tu marca? Toma tu lienzo de experiencia y analiza cada etapa, teniendo en cuenta los canales por los que tú quieres que te contacten. Luego enlista propuestas de mejora para cada canal.

Canales de venta estratégicos
https://www.lauraerre.com/post/los-5-canales-de-venta-mas-estrategicos

RELACIONES PÚBLICAS

Cuidar y mantener las relaciones públicas es otra estrategia de comunicación. Para mantener a tus distintos públicos informados es importante conservar y fortalecer vínculos con distintos medios. Al que llamamos RP, es quien desarrolla la estrategia, planifica y coordina dichas acciones. Es la persona que conoce la empresa a fondo, así como la industria, y sabe trabajar en equipo. Y ya que representa la empresa ante medios y aliados, debe ser social, paciente, diplomática y tener buena presentación. De momento eres tú, así que toma nota.

Además de participar en pasarelas, tú querrás vestir a famosos en sus eventos como galas, alfombras rojas, conferencias, películas, vídeos, entrevistas, o incluso fotos en redes sociales. Haz una lista de las personalidades a las que te gustaría vestir; pueden ser artistas, cantantes, conferencistas, políticos, o líderes de opinión. Divídela en locales, nacionales e internacionales. Ya habías hecho una lista de *influencers*, complétala.

Los *showrooms* son espacios para que periodistas, estilistas y compradores conozcan propuestas de distintas marcas, y también son una alternativa. O puedes conseguir patrocinios que te ayuden a financiar algunas actividades, y a su vez que posicionen a la empresa que tiene presencia de marca en tus eventos. Si tienes o consigues presupuesto, puedes pensar en hacer tu propia pasarela o contactar directamente a alguna celebridad o *blogger*.

También están las editoriales que estén dirigidas al mismo público que el tuyo, en las que hay varios tipos de aparición de marca. Están aquellas que pagan páginas completas para tener presencia de marca con sus fotos de campaña, nuevos lanzamientos, promociones y colaboraciones. Están las que aparecen en las selecciones de la revista con algún producto de temporada para los *total looks* de la sección de moda. En moda, los estilistas son quienes deciden lo que aparecerá en pasarela, editoriales y personajes famosos, ya sea directamente de un showroom, por pauta publicitaria, o por selección propia. Sé generoso y amable con ellos, son la puerta a oportunidades. Puedes prestar algunos de tus productos, incluso regalar si es que la situación lo ameritara. Haz una lista de las revistas relevantes para tu marca, aquellas en las que te gustaría tener presencia.

Procura alianzas estratégicas con posibles inversionistas, empleados, clientes, proveedores, distribuidores, agencias de modelos y celebridades. Igualmente con gobierno, asociaciones, líderes de opinión, editores, organizadores de eventos, y otros RP's. Acércate a los aliados potenciales, síguelos en redes sociales, si es el momento contáctalos. No los imagines como inalcanzables; si tienes una propuesta lista, hazla. Recuerda que las relaciones son las puertas para muchas oportunidades. Algunas alianzas pueden ser para acercar al embajador de tu marca al público adecuado en conferencias, seminarios, foros o mesas redondas. Procura siempre responder correos o llamadas, ser educado y accesible; esto va a ayudar a que te tomen en cuenta para distintas oportunidades, proyectos, colaboraciones, y pueden venir de quien menos lo esperabas.

Prepárate; incluso para dar entrevistas ante algún medio de comunicación –tradicional o digital– se necesita preparación. Ten claro quién es su público, qué es lo que quieres decir, y ve preparado para decirlo en corto tiempo. La primera vez que di una entrevista en televisión me acuerdo que estaba nerviosa porque nunca antes lo había hecho, pero además casi no veo televisión. Así que no sabía qué esperar y pedí que de favor me mostraran una entrevista previa a la mía para ver de qué trataba. La empresaria que pasó antes que yo se puso sumamente nerviosa, casi no la dejaron hablar, y lo que dijo no llevaba un mensaje contundente. Así que pregunté el tiempo aproximado de participación: de un programa de una hora en el que me entrevistarían, yo tendría cinco minutos en total para hablar de mi proyecto en dos distintas intervenciones. Me aseguré de hacer una lista de las cosas que quería mencionar en concreto, incluyendo mis datos de contacto. No preparé un guión, porque en una entrevista no sabes en concreto lo que te van a preguntar, pero sí puedes llevar la lista de puntos relevantes y pertinentes para el público al que te vas a dirigir.

Llegué al domicilio que me indicaron, pregunté en recepción y no tenía mucha información, pero di el nombre del entrevistador y me pidieron que esperara unos minutos. Yo iba con tiempo, aunque me empecé a poner nerviosa porque faltaba ya muy poco. La chica de recepción me indicó el número del piso y yo tomé el elevador. Llego al piso 4 y salgo a un pasillo largo. No sabía si era hacia la derecha o hacia la izquierda, así que en cuanto pasó un chico le pregunté. Pensaba que me recibiría alguien, me explicaría la dinámica, incluso iba lista para que me retocaran o me pidieran algún tipo de información que les faltara, pero nada de eso sucedió. Sigo la dirección indicada, puesto que ya era hora, y entro al set. Veo dos sillones frente a una serie de cámaras y luces, una mesa entre los dos sillones con producto, y de fondo, un *back* de color azul con luz directa. Un técnico –quiero pensar– me pidió permiso para ponerme el micrófono de solapa, me indicaron en qué sillón me tocaría sentarme, entró el entrevistador, se sentó y empezó a hablar a la cámara. Recuerdo que lo único que me alcanzó a decir fue: "Tranquila... yo te haré las preguntas". De todo, es lo único que ya sabía.

Habló de veinte temas, entre ellos el mío. Algo que me llamó mucho la atención es que participó mucho, habló mucho de mi tema, como introduciendo al público y después me cedía la palabra para responder a alguna pregunta. Entre pregunta y pregunta, sacaba algún comercial de algún patrocinador, o algún otro tema de días anteriores o posteriores, y después regresaba conmigo. Lo peor fue cuando al fin me cedió la palabra: empecé a hablar de *Fashion Startup* y veo que en las pantallas aparece un recopilado de fotografías que no eran mías, casi me desmayo. Lo sacaron de una cuenta de Facebook de otra empresa, y ya en vivo no pude hacer nada al respecto, así que seguí hablando. Hasta el siguiente corte comercial les aclaré que esas no eran mis redes sociales. Cuando llega la hora de las preguntas, enlazan la llamada y reconozco de inmediato a una amiga. Me pregunta: "–Laura, tú que promueves el comercio nacional, ¿qué de lo que llevas puesto es de una marca mexicana?". "–LOB me viste para varios de mis eventos", le respondí aguantándome la risa. Justo venía de su oficina en LOB y de escoger indumentaria. Es una experiencia que nunca olvidaré. Me fue muy bien en la entrevista, logré decir lo que quería decir y me felicitaron porque controlé bien los nervios.

También es tarea frecuente la gestión de ruedas de prensa. Son eventos a los que se convoca a periodistas de diferentes noticieros, periódicos, revistas y líderes de opinión para informar acerca de una noticia relevante. El periodista es el encargado de comunicar, redactar reseñas de novedades y tendencias, asistir a las ruedas de prensa, investigar, entrevistar a los diseñadores y asistir a sesiones fotográficas, además de editar artículos y noticias de la industria o temas que le correspondan. Debes pensar en cómo atraer su atención. Se consigue mayor cobertura mediática si se cuenta con la presencia de algún político, celebridad o líder de opinión en el Presidium. Se hace en un lugar céntrico, entre semana, en un horario laboral. Si es temprano, usualmente se prepara desayuno o bocadillos y café. Si ustedes como marca convocan, te recomiendo llevar guión para el maestro de ceremonias, quien dará la bienvenida a los medios, a los miembros del Presidium y a invitados especiales. Algunos miembros del Presidium llevan guión para hacerlo más oficial o formal; tú puedes memorizar los puntos a tocar, o llevar igualmente algo por escrito. El orden de los asientos empieza por quien convoca al centro, a su derecha la persona de mayor peso mediático o político, a su izquierda la que sigue en peso mediático o político y a los extremos las siguientes, siendo de preferencia número impar. Al finalizar una rueda de prensa, se procura gestionar entrevistas uno a uno con los distintos medios, y se distribuye el material corporativo, ya sea en USB, o se envían por correo o mensaje. Como agradecimiento por su asistencia puedes incluir un obsequio representativo de la marca que abone a la experiencia.

Al periodista, aliado, o estilista, se le otorga el material corporativo que llamamos kit de prensa o *press kit*. El press kit debe contener fotos de los fundadores o embajadores de marca actualizadas, fotos de la más reciente colección a modo lookbook en buena resolución, el CV actualizado de la marca, del diseñador, datos de contacto, y el boletín de prensa. Los boletines de prensa son escritos que se distribuyen entre los periodistas para su posible difusión. Depende de su relevancia el que se los autoricen, por lo que debe ser actual, conciso, con los hechos más sobresalientes que buscamos comunicar. Debe llevar un título atractivo, un encabezado, así como lugar y fecha de la rueda de prensa. Los participantes de presidium deben estar colocados por orden con sus nombres completos y cargos. En el primer párrafo elabora un resumen y en el segundo cautiva al lector con algo atractivo de tu evento o historia. En el cuerpo, es importante mencionar: qué, quién, cuándo, dónde y por qué. Al final, incluye siempre tus datos de contacto, una frase que resuma tu propuesta de valor, los logros más relevantes de tu marca, e información importante como fechas y horarios.

Al finalizar cualquier esfuerzo de relaciones públicas debes medir el impacto mediático. A esto le llamamos *clipping*, que es la recopilación de todas las apariciones que hayamos conseguido a través de qué esfuerzos. Estos resultados, para ser comparables, los debemos medir en número de apariciones, tipo de medio de comunicación, así como relevancia y tamaño de la aparición. Por ejemplo, si aparecimos en seis medios –dos impresos y tres digitales– de preferencia anota los nombres y haz una foto o captura de pantalla, anota si te dieron un cuadrito, media cuartilla o una cuartilla completa, y si fue tu noticia o sólo fue una mención.

Recuerdo mi primera rueda de prensa para Fashion Digital Talks. Tenía el evento encima, cientos de cosas por resolver, pero esta era una de las que no podía posponer. Dos semanas antes yo estaba en un evento en Ciudad de México a unos minutos de subir a dar una conferencia a más de 250 personas, cuando me llama mi socio y me dice: "Lau, tenemos menos de 100 registros, tú di,

¿seguimos o lo aplazamos?". Yo estaba nerviosa por la conferencia, pero ahora más por la pregunta. "Seguimos", le respondí. La conferencia fue de maravilla, seguía llegando y llegando gente, todos interesados en comercio electrónico de moda, como lo decía el título. Y antes de terminar les hablé del evento, el primer congreso en México que busca reunir a casos de éxito, soluciones y líderes del sector en temas de moda, negocios digitales y comercio electrónico. Me bajé aún nerviosa de la conferencia y de la pregunta. Era verdad, teníamos aún muy pocos registros. Es por ello que la rueda de prensa era indispensable.

Ana María me ayudó a planear prácticamente todo, me compartió una orden del día para tomarla como ejemplo, me pidió conseguir la invitación para medios, a los miembros del presidium, el coffee break y el guión. La experiencia fue buena, mandamos hacer un *back forum* para colocar detrás de los sillones, que vestiría mejor las fotos, y pusimos un vídeo introductorio que nos ayudó a vestir la experiencia. Colocamos un sobre en cada asiento con su USB y el resumen impreso del evento. Tuvimos más de 15 medios que cubrieron el evento, todos los miembros del presidium tuvieron uso de la voz, y los periodistas nos hicieron varias preguntas al finalizar nuestras intervenciones. No sólo fue la rueda de prensa, sino también las alianzas que nos ayudaron a incrementar de 100 a más de 600 registros durante la última semana de la primera edición del congreso.

RELACIÓN CON TU EQUIPO

Cuando yo llegué a la empresa familiar, recién graduada, empecé como auxiliar administrativo. Mi tarea era apoyar a la administradora en lo que me pidiera. Usualmente las tareas llegaban en picos, un día a la semana con un nivel de urgencia y prioridad 1. Así que el resto de los días aprovechaba para conocer mejor las distintas áreas de la empresa. Fui aprendiendo de los departamentos administrativo, operativo y gerencial. En administración manejábamos aseo, seguridad, contabilidad, legal, recursos humanos, mensajería, compras, almacén, mercadotecnia y ventas. El área operativa era desarrollo y soporte, y el área gerencial era dirección, gerencia administrativa y gerencia operativa. Así que yo me empecé a meter área por área, empezando por recursos humanos. Para conocer mejor una empresa, conoce a su gente. No sólo empecé a abrir expediente por expediente, sino yo quería entender para qué era el expediente, cuándo lo usábamos, cómo lo usábamos, y a proponer mejoras. Así comencé a tener cada vez más funciones: entraba a las entrevistas laborales y a poner por escrito lo que me parecía relevante y útil para las personas que hicieran la función en un futuro. Y me di cuenta de que hacía falta implementar un proceso de inducción. Empecé a documentar material para dar capacitaciones a personal de nuevo ingreso. Pero no sólo quería que aprendieran de los procesos, sino de la cultura organizacional y de la historia de la empresa. Además incluí reuniones mensuales con todo el personal para fomentar la convivencia y presentación de resultados por área de trabajo.

Las empresas, conforme van creciendo, se van ocupando de resolver situaciones, y si no tienen cierta estructura se olvidan de planear, renovar, innovar, y crecer. Muchas veces crecer en ventas no significa crecer como empresa; se requiere trabajar en los cimientos para soportar un edificio.

Sé que al principio suena lejano tener un equipo de trabajo, pero poco a poco podrá ir siendo más realista. Al inicio tú vas aprendiendo cómo hacer todo por primera vez, vas mejorando la técnica, hasta que lo puedas delegar a alguien. Delegar es un proceso que al principio cuesta mucho trabajo. La creencia de que nosotros lo haríamos mejor, más rápido y sin errores, es la mayor limitante al delegar. Es un proceso que conlleva aprendizaje de ambos: el que aprende a hacerlo y el que aprende a soltarlo. Una vez que vas confiando más procesos es cuando inicia tu camino como líder.

Quizá reconozcas que el primer puesto clave es el comercial. Si crecen tus ventas crece tu empresa; cuando tienes más flujo de caja puedes invertir en otras áreas de oportunidad. Mark Roberge, en su libro *Fórmula de Aceleración de Ventas*, recomienda formalizar cinco pasos: reclutamiento, entrenamiento, un modelo de gestión en el que midamos los resultados, generación de demanda y uso de tecnología. Vamos a adaptarlo a tu relación con equipo: Primero toma tu organigrama y define las tareas de impacto, que son aquellas áreas que en tu empresa son más relevantes. Ya las debes tener identificadas, puesto que vimos el primer borrador en el primer capítulo: tú en sociedad; lo repasamos en el cuarto capítulo, en procesos. Una vez que las tienes por escrito, ve definiendo qué perfiles son los que pudieras requerir en un corto plazo. Piensa en el nombre del puesto, las actividades a realizar, conocimientos, formación, si necesita experiencia previa en algún área o actividad, las herramientas que debe saber utilizar, y competencias. Ya que tengas la lista de todas las características, identifica cuáles serían los métricos para analizar resultados desde la primera entrevista. Cómo voy a evaluar a cada candidato que llegue, con un puntaje del 1-10, en qué aspectos o tareas a realizar.

La entrevista es un espacio en el que tú haces las preguntas y el candidato te comparte sus respuestas. Debes generar un ambiente de confianza en el que realmente te des a la tarea de conocer a la persona, no solo su perfil académico. Además es el espacio en el que ambas partes deben dejar claras las expectativas. Así que tú también compartirás información de tu empresa y el candidato te podrá hacer preguntas. Los dos primeros meses de cualquier persona que se une a tu equipo son vitales. Asígnale tareas con claridad, evalúen si ambas partes cumplen con sus expectativas, y hablen al final de este período para retroalimentarse.

Ahora que tienes tu proceso de reclutamiento es importante que elijas un sistema de entrenamiento o capacitación. Primero planea tu inducción a la empresa y después la capacitación en temas específicos; ya sea que algún miembro del equipo lo capacite en aquellas tareas en las que ya se tenga experiencia, o algún curso o taller externo. Hoy en día podrás encontrar mucho material en internet, aunque habrá que adaptar todo a la forma de operar de tu empresa. Cada persona que forma parte de tu equipo debe transmitir confianza a tus clientes, para ello hay cursos de marca personal que les pueden ayudar a posicionarse como expertos en los temas más relevantes para tu empresa, y así, volverse aspiracionales.

El modelo de gestión busca determinar, con base en el proceso o embudo comercial, cómo va cada persona del equipo en sus resultados. En ventas, por ejemplo, los métricos son: creación de prospectos, prospectos que se han trabajado, demos y ventas. Así que si tú detectas una área de oportunidad en alguna área del proceso, puedes ayudarle a mejorar en esa área para mejorar sus resultados.

La estrategia de *marketing* enfocada en la generación de demanda es clave para dar al equipo comercial prospectos de calidad. ¿Cómo harás para que tus prospectos vean tu mensaje en el medio adecuado y te compartan sus datos? Estos son los datos que le ayudan a la persona de ventas a dar resultados.

Y por último, ¿cómo usas la tecnología para eficientar procesos? Por ejemplo, estás en una expo o feria, toma los datos en un iPad en vez de a mano, en un CRM en lugar de un Excel. Usa un portal digital para vender –lo veremos en el siguiente capítulo–. El secreto es la automatización de los procesos. Por ejemplo, puedes automatizar el envío de correos, respuestas en tu chat, o ciertos formularios.

Cuando yo empecé con *Fashion Startup* inicié sola. Los primeros eventos yo hacía las invitaciones, las enviaba, conseguía a los patrocinadores; el día del evento yo registraba a la gente, tomaba fotos, recibía al *speaker*, presentaba y subía el material a redes sociales. Poco a poco fui incluyendo a más personas en el equipo, fui documentando procesos, fui creciendo gracias al trabajo de todos y con mejores prácticas del negocio anterior. Por ejemplo, para cada evento se requiere personal nuevo como apoyo durante el mismo. Ya tengo un proceso de reclutamiento y capacitación, que me permite invertir menos tiempo para eso en el próximo evento. Así también con procesos comerciales de gestión y estrategia. Es un reto ser líder, y he aprendido de cada error que he cometido en el camino. Y el camino sigue, porque también he aprendido que es más difícil hacer todo; la única forma de crecer es aprendiendo a delegar y pedir ayuda, comunicando, motivando y alineando los intereses de los miembros del equipo con los de la organización.

RELACIÓNATE CON EL MUNDO

¿Qué es lo más impresionante de tu narrativa? Cuando has platicado a gente acerca de tu negocio, ¿has notado que algo en concreto les llame la atención? Yo cada que conozco a alguien por primera vez, procuro contarle el resumen de la historia de cómo nació *Fashion Digital Talks*, por ejemplo. Platico cómo inicio *Brila*, que fue una tienda en línea de moda para marcas mexicanas de ropa, calzado, accesorios y artículos de diseño. Menciono algunos de los retos que enfrenté y cómo llego a la conclusión de que el mercado no estaba listo para comprar, ni las marcas estaban listas para vender en línea. Me dedico a organizar eventos para seguir conociendo el ecosistema de moda en el país, doy consultoría a empresas y emprendedores que quieren lanzar su tienda en línea y desconocen el cómo y con quién. Y así es como encuentro la oportunidad de hacer un congreso que reúna a líderes de los sectores moda y negocios digitales, y ayude a más marcas a crecer a través de canales digitales. Los clientes, asistentes y aliados encuentran la oportunidad conmigo a lo largo de la historia, y así es como capto su atención. Aunado a esto incluyo ciertos datos que me ayudan a dar certeza de que la oportunidad es real. Por ejemplo, ¿sabías que el sector moda es las categorías más vendidas en línea en México?

Para pedir ayuda es importante saber qué necesitas. Hay una forma de resumir quién eres y qué requieres, que llamaremos *pitch*.

El resumen consiste en decir en menos de un minuto qué haces, cómo lo haces, con quién y qué necesitas. Y como todo discurso, se requiere de un guión.

Siempre inicia con una historia de peso, ya sea de ti como emprendedor, de algún hecho o dato relevante, de la persona en la que te inspiraste para lanzar el proyecto, o del problema mismo y cómo es que afecta a cierto número de personas. Una vez que cautivas al público, ahora sí confirma cómo es que tu empresa está resolviendo el problema, tu propuesta de valor. Continúa diciendo qué es lo que la hace única, tu diferenciador. Puedes mencionar incluso a tus competidores directos, sin hablar mal de ellos, sino para enaltecer lo que tú estás haciendo mejor.

El cómo lo haces es tu numeralia real, desde que iniciaste hasta ahora, qué has logrado, qué proyectas lograr, tus recursos y planes. Sé concreto, recuerda que tienes poco tiempo. Lo importante es que no quede duda de que ya validaste con clientes reales, tu solución funciona y tienes claro lo que buscas a corto, mediano y largo plazo. Nada de esto sería posible sin el equipo con quien lo haces. Si tienes socios, empleados, incluso aliados, agrégalos. Y menciona la relevancia de cada uno de ellos, cómo es que juntos están logrando hacer crecer el negocio como nadie más lo haría.

Por último, qué necesitas. Para tener claro qué necesitas debes haber hecho tu planeación estratégica y tu lista de alianzas potenciales. Encuentra la lista, elige una y agrégala como ejemplo al final de tu guión. Menciono que sería un ejemplo, ya que lo que necesitas depende de a quién te estás dirigiendo. Supongamos que estás buscando el contacto de la directora de un punto de venta y conoces a una persona que trabajó con ella hace tiempo. Lo interesante es poder pedirle directamente aquello en lo que te puede apoyar.

Ahora bien, si lo que estás buscando es inversión debes preparar tus números. Cuánto valgo, cuánto busco y cuánto doy. Los números son un complemento, no siempre lo que buscas del inversionista es el dinero. Muchas veces buscas contactos, alcance, conocimiento, credibilidad, entre otras varias metas de taller. Incluye estos aspectos, el inversionista también tiene sus metas de taller y se convertirá en tu nuevo compañero o socio, como lo prefieras llamar. Firmarán una relación a largo plazo, hasta que una venta de acciones los separe, por lo que no siempre lo mejor no es buscar un inversionista capitalista que sólo aporte dinero, sino alguien que comparta tus valores y cumpla con aquello que tu empresa requiere de acuerdo con la etapa en la que se encuentra.

El pitch perfecto
https://www.lauraerre.com/post/el-pitch-perfecto

Este guión también es útil cuando asistes a eventos de *networking*, en los que hay gente de distintos sectores con algún interés en común. En estos eventos hay tres recomendaciones principales: no platiques con conocidos, preséntate y platica lo que haces, y pregunta: ¿En qué te puedo apoyar? Muchas veces creemos que no contamos con tantos recursos, pero te sorprenderías de cómo estas peticiones son mutuas. Lo más importante de conocer gente es que construyas relaciones a largo plazo; la vida da muchas vueltas.

Durante el programa que dirijo de *Fashion Startup Lab* encuentras, además de temas que ya hemos visto a lo largo de estos capítulos, sesiones de mentoría uno a uno con distintos líderes del sector a nivel nacional. Encontrar a una persona con experiencia en el sector dispuesta a compartir conocimiento es invaluable. En ocasiones, puede que te topes con personas que sepan mucho, a las que les puedas preguntar directamente algo que estés necesitando resolver. Debes estar listo para hacer la pregunta correcta a la persona correcta. Si quieres formar parte de *Fashion Startup*

Lab, aplica a la próxima convocatoria. Nos encantará conocer más acerca de tu proyecto.

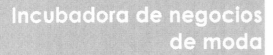

Incubadora de negocios de moda

https://www.lauraerre.com/post/la-1a-incubadora-de-moda-en-mexico

Capítulo 7
EXPERIENCIA 360°

Las personas no compran productos, compran estilo de vida y comparten experiencias; sin embargo, tu empresa comercializa productos. El producto nace de una necesidad u oportunidad en el mercado, la demanda de un producto mejorado, innovación, nuevos productos introducidos por la competencia, cambios en la tecnología, tendencias, y cambios de temporada. Y el proceso inicia a partir de una idea, de la que se analiza la viabilidad, el tiempo de diseño y desarrollo, el costo estimado de producción, el rendimiento esperado sobre la inversión, el beneficio al consumidor, la cuota del mercado de la competencia, el plazo de lanzamiento y los requerimientos humanos y tecnológicos. Una vez que las ideas con mayor potencial evolucionan a concepto, se deberá probar la respuesta del cliente, evaluando los detalles del diseño, el precio, los registros de patentes o propiedad intelectual, temas legales, y las pruebas de concepto, que comúnmente se realizan en pasarelas, expos, eventos privados con compradores y prensa.

Y por último, previo a la realización, se hace un análisis del negocio y del mercado con las cabezas de diseño, mercadotecnia, producción y finanzas. Diseño realizó las propuestas de producto con base en la identidad de la marca y conceptualización de tendencias; mercadotecnia es la conexión entre el mercado y la compañía; producción es quien realiza el producto, y finanzas coordina las implicaciones en costos del proceso de desarrollo de producto. Mercadotecnia se encarga de hacer estudios para determinar las necesidades y percepciones del producto, las validaciones, la propuesta de precios, el lanzamiento, promoción del producto y la medición de resultados posterior a la distribución. Producción se encarga de determinar las necesidades de producción, la proveeduría de materias primas, disponibilidad de la maquinaria y recursos humanos requeridos. Usualmente se subcontrata parte del proceso, y la persona encargada es quien compara costos. Finanzas controla presupuestos y realiza proyecciones financieras para calcular el retorno y utilidad de cada producción. Se coordinan las áreas para determinar si el producto o colección es viable y entonces pasa a desarrollo de producto, etapa en la que ya no hay margen de error o cambios.

En la etapa de comercialización, se lanza el producto, se entrega a canales de distribución de forma eficiente y se vende al cliente final. La publicidad y la constante retroalimentación de la reacción del cliente al precio, fitting, diseño, son esenciales en esta etapa. Algunos retos son los tiempos largos de entrega, las temporadas tan cortas de venta, y la demanda, que resulta impredecible. La clave está en balancear valor, tiempo, costo y calidad, anticipar errores, planear, y trabajar en equipo teniendo claros los objetivos y maximizando la productividad.

Cuando pensemos en exhibir producto o servicio, transportemos a la persona que lo observa al beneficio real, no sólo al funcional. ¿Qué elementos tenemos para hacerlo? La fotografía, la descripción del producto o servicio, el empaque, el escaparate, incluso la persona que lo vende o promueve. Porque recuerda, las personas no compran productos, compran estilo de vida y comparten experiencias.

Voy caminando por el centro comercial, me doy cuenta de que cambió la temporada porque los colores de las tiendas cambiaron a tonos más cálidos. Llegué temprano a mi cita, me quedé de ver en media hora con Ale, me voy acercando al café y veo entre la gente un vestido que me parece hermoso en un escaparate. ¿Será el estampado, o la forma en que luce con ese collar alargado y las plataformas que tanto he querido comprar? Me parece que ya se lo había visto a alguien en redes sociales. Entro a la tienda a buscar si hay en mi talla. Recorro el pasillo de la derecha, veo otra blusa que me gustaría usar con mis pantalones rojos que casi no uso, y veo a lo lejos el vestido. Intento caminar más de prisa, y me topo con un chaleco del tono exacto de mis botas grises. No hay de mi talla, así que pregunto, escanean el código y van a buscarlo en almacén. Llego al fin por el vestido del escaparate y paso directo al probador. Me gustan los tres, así que paso a la caja. Es el aniversario de la tienda –me comentan–, así que me envuelven los tres en una caja de edición especial y colocan con cuidado un elegante moño morado. Parece un regalo, ya no puedo esperar a abrirlo llegando a casa.

El moño seguramente lo mandaron comprar de acuerdo con el tono del color del logotipo, lo mandaron cortar en forma de v, aplicando calor para que no se deshilache. Lo deshago con cuidado. La caja se mandó imprimir con el logotipo y datos de contacto, y el suaje es del tamaño exacto del máximo de productos por pedido. Cuando la abro, encuentro el producto doblado con la etiqueta al frente. Es una tela parecida a la manta con un bordado en un tono de hilo; seguramente mandaron a ponchar el logotipo para esta colección cápsula, lindo detalle. Me doy cuenta de los detalles de la prenda, y empiezo a idear con qué zapatos la voy a usar. Entonces recuerdo a qué *instagramer* le vi el outfit completo, la busco en mi celular y lo intento replicar con unos zapatos similares a los suyos. ¿Cómo habrán hecho para que subiera su foto con el vestido? Seguramente la contactaron directamente, o a través de alguna agencia, pagando para hacer una mención de la marca. La imagen vale la pena, está bien cuidada y me da confianza porque compro a la segura, el vestido se ve muy bien ya puesto. Y qué buen servicio en tienda: de inmediato me dijeron la disponibilidad del producto en almacén, fue tan sencillo comprar que alcancé a llegar a tiempo a mi cita, y terminé comprando más de lo que pensé. ¿Podré cambiar el chaleco de color? Creo que me gustó más el azul.

EL MOÑO MORADO

Cada elemento cuenta, porque si narráramos lo que pensamos la historia sonaría parecida al párrafo anterior. Para decidir la compra evaluamos el escaparate, el orden en la tienda, el servicio, y el moño morado. El moño morado representa lo que entregamos de producto, es todo lo que lo envuelve, lo que hace que no sea un producto cualquiera, una marca blanca, lo que lo hace un producto aspiracional. Hablamos de etiquetas, empaque, fotografía. Y la experiencia no es la misma en un bazar, en una tienda y en redes sociales, ¿cierto? Es importante analizar cada uno de los canales de venta para hacer que la experiencia sea inolvidable, o al menos tu marca. Si vendes a través de terceros, en una boutique, showroom o tienda multimarca, ellos generalmente se encargan del escaparate, el orden en la tienda, y el servicio hasta entregar el producto. Ya hablamos en capítulos anteriores de cómo hacernos notar en punto de venta entre el resto de marcas. Ahora bien, nosotros debemos cuidar etiquetas, empaque, fotografías y resurtidos. El cliente, para llevarse una buena experiencia, debe encontrar en su talla el producto que busca. Y en aquellos canales en los que entregamos directo al cliente final, habrá que analizar cómo es que hacemos la experiencia más placentera.

Como sabes, el producto debe tener al menos una etiqueta con la composición de los materiales y los símbolos de cuidado tanto para el usuario final como para operadores de lavanderías y tintorerías. Para calzado, por ejemplo, incluye el tipo de piel o material con que fue confeccionado, tipo de suela, puede incluir el símbolo de cuero. Hay también etiquetas opcionales, se recomiendan: nombre de la marca, talla, información de la empresa, código de barras, país de fabricación, y advertencia de riesgos. Las etiquetas en calzado generalmente van impresas en corte, forro y suela, en prenda puedes ser más creativo y usar distintos tipos de materiales. Te recomiendo ir con varios proveedores, llevar algunas propuestas en el celular y preguntar durabilidad, costo, mínimo de compra, y si ellos te lo entregarían ya en versión final o tú tendrías que hacer algún proceso. Por ejemplo, si eliges un listón, ¿ellos te lo dan ya cortado, o lo cortas y unes tú en tu taller? Prueba también qué tan áspero o suave es a la piel, si es etiqueta interna, y qué tan complejo es para coser, si es etiqueta externa. En un inicio las etiquetas y el empaque pueden ser funcionales, la experiencia se va mejorando conforme vas creciendo el negocio.

Una emprendedora me llegó un día con propuesta de empaque que incluía una caja de un tamaño especial, impresa a color, una bolsa de tela en el interior, ajustable, y un papel con el imagotipo de la marca para proteger el producto. Me encanta como propuesta, así que mando cotizar los tres. El empaque del producto costaba la mitad de lo que costaba el producto, y no sólo eso: requieres una compra mínima de mil cajas, por ejemplo, que tendrías almacenadas hasta que estés vendiendo un cierto número al mes. Si estás en etapas iniciales de tu negocio, un empaque funcional alcanza. Ve pensando en la siguiente etapa qué empaque te gustaría, pero si no es momento aún, piensa que no es lo que más valora tu cliente. Y, por otro lado, sé creativo. ¿Te acuerdas de Gary? Su empaque ganó un reconocimiento en un libro. Él nos contaba que al inicio ellos decidieron diseñar un empaque que contara parte de su historia como marca, así que le hizo unos cortes especiales. Al principio hacía el proceso a mano, porque los costos se elevaban. Llegó el día en que los mandó hacer en el siguiente tiraje de cajas, puesto que la rotación de producto ya le daba para pagarlos. ¿Cómo imaginas tu empaque?

FOTOGRAFÍA DE MODA

La fotografía Gary también la hace de forma especial, convoca a sus mismos clientes a participar en sus shootings. Él está logrando formar una comunidad real de miembros de la marca. Hay otras marcas que le piden a algún amigo o amiga que modele. Y a mí me gustaría que hicieras un ejercicio conmigo. Ten a tu musa cerca, a la mano. Quiero que pienses quién es la persona a la que tu musa admira o aspira a ser. Cuál es el estilo de vida que le gustaría tener, quizá son viajes, quizá elegancia, tal vez un estilo europeo clásico, o a lo mejor uno bohemio relajado. Piensa quién sería un personaje, actor, o figura pública, al que seguirían y con el que te puedas relacionar. Cuando busques una agencia de modelos, una amiga o amigo que pudieran sumar a tu publicidad, elige con base en este criterio. Usualmente las agencias tienen diversas alternativas de modelos; encuentra la que mejor comunique el estilo de vida de la marca.

Hay distintos tipos de fotografía que necesitas: para catálogo, para *lookbook*, para redes sociales. Las fotos para catálogo están pensadas para tu tienda en línea, para las aplicaciones de compras de *Facebook y Google*, algún *marketplace*, o si quieres manejar un catálogo virtual. Estas son fotos de producto, y es importante manejar un manual de fotografía en el que especifiques cuántas y de qué ángulo van a ser las fotografías. Por ejemplo, a un par de zapatos les puedes tomar: de frente, vuelta, tres cuartos, desde arriba y a algún detalle. Cinco tomas está bien, que en tu catálogo sean homogéneas, y al catálogo agrega una del calzado puesto, sobre modelo. Siempre queremos llevarnos una idea de cómo se ve puesto, identificarnos con el estilo. Está probado que incluso vendes nueve veces más con modelo y cara y 40% más cuando encuentras el outfit completo. Otro tipo de foto es para *lookbook*, que usualmente se entrega a editores, compradores o clientes potenciales. Estas empiezan a ser imágenes que representen el concepto de marca y el estilo de vida. Algunos elementos a cuidar son: la expresión facial de la modelo, lo exagerado o suelto de la pose, lo cargado o clásico del maquillaje, el estilismo, el fondo. Si tu catálogo fuera impreso, son las imágenes que aparecen con modelo en ciertas páginas, luciendo el producto en un contexto creativo.

Gloria me invitó a su primer *shooting*. Contrató fotógrafo, maquillista y modelo. Conseguimos juntas una marca de joyería y otra de calzado que quisieran participar en el *shooting* para conformar el aspecto total. Cuando llegué al departamento del fotógrafo, donde sería la sesión, estaba todo listo: el set montado con un ciclorama blanco, el equipo de iluminación, el tripié, el kit de maquillaje y peinado, los bocadillos para el equipo, botellas de agua, y música. En otro cuarto, la colección de la marca colgada en ganchos, perfectamente planchada y separada por looks. Gloria llevaba impreso qué quería que saliera con qué en cada conjunto, incluyendo zapatos y accesorios. Al fotógrafo se le mostró el *moodboard* de la marca, y algunas ideas del tipo de fotografía que se buscaba. En cuanto llegó la modelo, se empezó a maquillar y peinar, se buscaba un estilo muy natural para la colección, que es sofisticada y contemporánea, y la marca, que busca versatilidad. Después se pasó al cuarto a vestir el primer *outfit*, Gloria le ayudó a colocárselo tal y como lo quería lucir. Pasó al set y durante las tomas había que irle diciendo expresiones, poses, y cómo queríamos que hiciera uso de los elementos. Algunas de estas imágenes servirían para la página web, para el catálogo y para redes sociales. Así que teníamos que ser creativos para hacer tomas variadas con los elementos con los que se contaba y sin perder mucho tiempo.

Para *Instagram* usa las de estilo de vida, las que cuiden tus colores, tu historia y esencia de marca. Algunos consejos es que tengan buena iluminación; cuida que el color de la imagen vaya con el tono de la imagen anterior, y que la composición esté equilibrada con imágenes de detalles y otras de cuerpo completo, siempre cuidando la perspectiva y las líneas de referencia. Cuida la ambientación, recuerda que no es foto para catálogo. Comparte, comenta y llama a la acción con frases claras. No te olvides de agregar etiquetas –mientras más específicas mejor– que empiecen a relacionar contigo, ya sean de tu marca, alguna tendencia, palabras clave o del llamado a la acción que hayas elegido. Y si quieres contar historias aún más creíbles, usa la herramienta de historias.

Para *Facebook* usa también imágenes comerciales, y vídeos. La gente los puede comentar o compartir, y recuerda que está hecha para familia y amigos, por lo que también es importante que cuentes historias que partan de algún valor y toquen emociones. Las publicaciones ya no crecen de forma orgánica, por lo que elegir las más efectivas puede traerte mejores resultados. Para ambas, planea una estrategia. En el último capítulo hablaremos un poco más del plan de promoción. Es bueno siempre pensar en cómo hacerlo cada vez mejor, cada vez más estratégico y cada vez más creíble.

Es por ello que un *influencer* vende más que mil palabras. Lo que mencionamos anteriormente, el estilismo, el estilo de vida, los colores, la iluminación, el total look, esto es lo que ellos cuidan en cada una de sus imágenes para volverse aspiracionales. Cuidan usar lo que deben usar, en donde lo deben usar, como lo deben usar, y agregan además un pensamiento o frase que inspira a otras personas a llevar cierto estilo de vida.

TU RUTA COMERCIAL

Piensa que a estas alturas ya tienes amplio conocimiento y experiencia acerca de tus clientes, tu propuesta de valor y de las oportunidades con las que cuentas. Ya tienes identificada a tu musa. Ahora bien, ¿qué canales frecuenta? Anteriormente hablamos de los canales promocionales; ya es tiempo de hablar de sus hábitos de compra. ¿En dónde buscaría un producto o servicio como el tuyo? ¿En dónde actualmente consume lo que ofreces? Y estoy hablando de sitios físicos que frecuenta en los que le gustaría encontrarte a ti. Puede ser un centro comercial, una calle o zona, hasta podría ser por catálogo. Reflexiona acerca de los canales adecuados, y mientras, te voy sugiriendo ambas alternativas: vender a través de terceros y vender a través de canales propios.

Algunas ventajas de vender al cliente final son que recibes un mayor margen por producto o servicio vendido y tienes mayor control sobre la experiencia. Una desventaja es que debes generar a tus clientes solo y la inversión en inventario de producto es siempre un riesgo. Tienes distintas posibilidades de generar ventas como una boutique propia, monomarca o multimarca, una cadena de boutiques, tus canales digitales propios, una *popup store*, un *showroom* de tu marca, una franquicia, ventas privadas, bazares y mercados. La popup store es una tienda que aparece sin previo aviso y atrae rápidamente a clientes, para después desaparecer o convertirse en otro negocio. Los showrooms son espacios de exhibición de productos a los que atraes a clientes para levantar pedidos, medios, editoriales y a embajadores de marca para algún préstamo a cambio de publicidad.

Una de las ventajas de vender a través de intermediarios es que aumentas tus ventas de forma exponencial. Los intermediarios pueden ser canales como una boutique multimarca independiente, una tienda departamental, un showroom multimarca, o una cadena de tiendas. Si incrementas los productos vendidos consigues mejores precios de producción y mejores tarifas en distintos servicios. Es una forma de posicionarte en distintos mercados, ya que tendrás mayor alcance territorial. Una desventaja es que el porcentaje de ganancia es menor y, dependiendo la negociación, puedes estar financiando el producto. Usualmente vendes a través de un intermediario que maneja comisiones sobre las ventas. Hay algunos canales que incluso cobran una renta mensual de tu espacio en punto de venta. Cuando creces, vendes incluso a través de un segundo intermediario –el distribuidor– que a su vez ofrece a distintos puntos de venta en una zona o región a la que usualmente no tendrías acceso.

En el próximo capítulo vas a conocer la infraestructura que se requiere para tu canal digital y ventas en línea, en donde también encuentras intermediarios que facilitan tu presencia de marca y te ayudan a crecer en ventas. Ahora, algunos consejos para contactar a tu primer comprador para puntos de venta:

1. Elabora una lista de diez tiendas de tu ciudad en las que te gustaría posicionar tu marca.

2. Investiga quién es el comprador, domicilio exacto, y horarios de atención. Si en tu lista está alguna tienda departamental o tienda multimarca en línea, busca el contacto en Linkedin o Google.

3. Si visitas la tienda, lleva tu tarjeta de presentación, catálogo en USB o impreso, e incluso algunas piezas para en caso de encontrarte a quien toma las decisiones. Si no se encuentra, pide sus datos para enviarle más información.

4. Llámale para agendar una cita. Tu llamada debe incluir un saludo inicial que atraiga su atención, dile quién eres y de qué marca, comenta algo acerca de ellos y explica el motivo de tu llamada. Ve redactando un correo con toda la información y tu catálogo, más de uno te lo pedirá. Cuida tu formalidad y tu ortografía. Después de todo correo, llama nuevamente para confirmar de recibido.

5. Haz lo mismo con otra ciudad estratégica y planea varias citas en un mismo viaje.

Lo que busca un comprador es un producto con alta rotación, un buen margen sobre el precio de venta al público, y reducir el riesgo cuando compran, especialmente a marcas de reciente creación. Analiza si te conviene dejar tu producto a consignación en las primeras compras; tú dejas el producto y te lo pagan hasta que se vende. Lo que no se vende, te lo regresan al término de la temporada. Para ti es un gran riesgo financiar mercancía que está parada en punto de venta, pero tal vez merece la pena si la tienda es estratégica a nivel posicionamiento de marca e incluso como gancho para negociar con otras tiendas. En los eventos se te acercarán varios compradores y puedes citar en tu stand a aquellos que hayas reunido en tu lista, para atraer su atención.

Tu *pitch* en este caso debe ser más corto y conciso. Debe incluir quién eres, tu rol en la empresa, el propósito de la reunión o llamada, una narrativa breve de tu marca y propuesta de valor; explica tus productos y cómo son ideales para complementar su oferta actual, y prepara las respuestas para cualquier objeción o pregunta que les pueda surgir. Anota los acuerdos y compromisos a los que llegues. Mándalos en un correo de seguimiento. Ten a la mano tu política de ventas, tu lista de precios, tu hoja de pedidos y tu calendario. Los puntos a negociar serán el precio, la exclusividad, los términos de tu política de ventas, y las entregas. Habrá que preparar la negociación con tiempo, buscando el ganar-ganar ideal, de acuerdo al tipo de cliente, y estar listos para nuevos escenarios que no habíamos previsto. Y una vez que levantas tu primer pedido, confirma por escrito los detalles de la compra y cumple tus acuerdos. De ello dependerá en gran parte que levanten un segundo pedido.

Hay otros intermediarios que son los agentes y distribuidores, que tienen contactos específicos con tiendas y te ayudarían a abrir puertas por un porcentaje de comisión que varía de acuerdo con el volumen de ventas. Es muy común, por ejemplo, tener distribuidores por zonas. Te pueden promover en eventos locales o internacionales, según sea el caso. Ellos te compran el producto por volumen, con su respectivo margen, y son responsables de surtir a los distintos canales. Son tu rostro con algunas tiendas, por lo que antes de decir que sí, pide recomendaciones. Analiza si sus contactos van acordes a tu marca, y con tu abogado ve preparando un contrato mercantil que formalice sus acuerdos.

Reflexiona: ¿su cliente se parece a tu musa? ¿su presentación es la adecuada para tu imagen? ¿qué hay con su tipo de promoción? ¿te gustaría que te asocien con las otras marcas que comercializa? ¿la locación es la adecuada?

PROMOCIÓN CREATIVA

Antes de lanzar nuestro curso de verano de *Kids Fashion Startup*, este año no arrancamos la promoción de forma ordinaria. Nos encontrábamos en un marzo en el que las personas tenían que quedarse en casa. No había forma de hacer promoción o activaciones que no fueran desde un dispositivo electrónico, ya que las personas no confiaban ni en el servicio de paquetería. Así que se nos ocurrió hacer nuestras dinámicas a distancia, con una promoción para las mamás. "¿Pides tiempo libre? ¿Estás lista para unirte a los Retos *Kid's Fashion Startup*? Recibe nuestro e-book gratuito con dinámicas, retos y ejercicios para tus hijos".

Quiero que imagines a la mamá haciendo home office por primera vez en su vida con hija y esposo en casa. En una semana está aprendiendo a usar las aplicaciones de videollamadas, e-commerce, e-learning, cuidando que su jefe no se dé cuenta del desorden de la casa, que su hija no haga mucho ruido mientras ella está en junta y que su esposo no se entere de que no tiene las cosas bajo control. De repente su hija encuentra en su cajón del taller un silicón frío sin que ella se dé cuenta, y empieza a pegar cosas por todo el cuarto mientras su madre estaba redactando el último correo del día para su jefe. Da "enviar" y en cuestión de segundos ya no sabe si llorar o gritar de ver tanto desorden. Y ella entiende que su hija necesita distraerse, sin clases ni amigos con quienes salir debe encontrar nuevas actividades para hacer en casa. Decide pedirle a su hija que le ayude a recoger sus juguetes y papeles, cuando se va dando cuenta de que las cosas no se despegan de la pared, la mesa ni las sillas. De pronto le llega un mensaje a un grupo de Whatsapp con la liga a los retos *Kid's Fashion Startup*. Justo en medio de su pánico llega una solución a uno de sus problemas.

El e-book es gratuito por estas semanas, porque entendemos que las mamás necesitan propuestas de dinámicas para sus hijos y es a lo que nos dedicamos como programa. Ya si quieren el kit con materiales les cotizamos el kit, y si quieren formar parte del taller presencial, entonces les cobramos por semana. Si quieren el curso de verano, les cotizamos el mes completo. Y así consecutivamente, vamos ofertando una pirámide de productos. Pero iniciamos con un gancho, una promoción adecuada en un contexto concreto. Esta promoción nos permite conocer a más mamás que pudieran convertirse en clientes de los distintos servicios que ofrecemos. Igualmente, empieza a diseñar la promoción adecuada de acuerdo con el contexto actual de tu musa.

¿Has escuchado de AIDA? Palabra amiga de la promoción, que nos resume los aspectos a tomar en cuenta, por orden, antes de lanzar un anuncio: Atención, Interés, Deseo y Acción. La promoción adecuada es encontrar aquella frase, promoción y/o llamado a la acción que van a atraer al comprador a abrir tu correo, a la musa a entrar a tu tienda, a pedir información, abrir nuestro libro, entrar a nuestro sitio, o hacer aquello que buscamos que haga.

La que te menciono se llama marketing de contenidos, y funciona mucho en el mundo digital. Igualmente hay otras formas creativas de llamar la atención del consumidor y las llamamos Marketing guerrilla o BTL, que utilizan medios poco convencionales e involucran al cliente en la campaña. Por ejemplo, el emplazamiento de producto con la aparición de productos y marcas en programas de televisión, películas o series. Estamos acostumbrados a ver cómo celebridades portan marcas en ceremonias de entrega de premios importantes, en el estreno de una película o mientras caminan por la calle. Pero también podemos colocarlas en aplicaciones móviles o videojuegos, ¿se te había ocurrido? ¿Qué tal colocar maniquíes en medio de la calle un sábado por la tarde? ¿O dejar un par de zapatos icónicos de tu marca pegados en algún techo? ¿Llamarían tu atención, suscitarían tu interés o un deseo de tenerlos en tus manos? Provoca ahora la acción.

EL CORAZÓN DE TU FAN

Recuerda que lo que tú buscas es lograr intimidad con tu cliente, una relación de amistad muy estrecha y de gran confianza. Para ello, debes estar presente en el día a día, y provocar emociones. No pienses en el marketing tradicional, sino en el marketing sensorial, ¿cómo logro enamorarle a través de la vista, el olfato, el tacto, el oído, el gusto? Y puede ser desde una *flagship store* hasta un artículo promocional, cada detalle cuenta. Y una vez que ya me compró, ¿cómo logro que me vuelva a comprar? Porque la única forma de crecer es a través de la recompra.

No quiero seguidores, quiero fans. Un fan es aquel que cuando ve mi promoción o mi producto me da un "me encanta", me regala un corazón. ¿Te ha pasado que entras a una tienda, ves un producto que te gusta, ves la marca y sientes emoción? Eso es lo que despierta una marca con corazón. Y tu marca ya está lista para serlo. Ahora lo importante es que tus fans te encuentren y te compren. Para ello hay un proceso que llamo reloj de arena, que te voy a separar por etapas:
1. Conocer e identificar a tu musa
2. Elegir los canales adecuados
3. Diseñar tu imán creativo
4. Cubrir su expectativa, deseo o necesidad
5. Ofertar la pirámide de valor adecuada
6. Sistema de lealtad.

Repasemos los pasos. Musa, canales y promoción ya son de tu dominio. Ese deseo que ya provocaste en tu cliente con la promoción debes ahora cumplirlo, entendiendo bien cuál es su expectativa y cuidando los detalles de la experiencia deseada. No pienses que con un buen diseño y una buena calidad es suficiente, porque el producto es una mercancía. Tu propuesta de valor debe estar generando alegrías o aliviando frustraciones. Recuerda tu mapa de marca con ese deseo en el centro y dedica esfuerzos a superar su expectativa, adaptando tu marca a sus necesidades actuales.

La pirámide de valor es la que te va a ayudar a vender de forma escalonada. Los productos o servicios se van acomodando por orden de valor: del producto que tiene menor valor hasta llegar al de mayor valor, tanto ofertado como monetario. En el ejemplo de *Kid's Fashion Startup* va desde el e-book hasta el curso de verano presencial con talleres diarios de 8:30 a.m. a 2:30 p.m. Tú lo tienes claro porque al planear tu colección vimos los distintos tipos de producto en donde también están escalonados por valor. Completa tu pirámide de productos y encuentra cómo mantener a tus clientes leales.

El sistema de lealtad es aquel que te va a permitir llevar un control sobre las recompras, y debes considerarlo al diseñar tu experiencia 360°. La experiencia de un cliente no termina cuando efectúa la compra, sino es cíclica. Piensa en cómo mantener cautivos a tus fans. Por ejemplo, ¿les gustaría que les enviaras en privado la primicia del próximo lanzamiento de colección? O quizá que los invites a algún concierto de su artista favorito, o una experiencia gastronómica que organices. Y al inicio tal vez aún no los conozcas lo suficiente, pero conforme vas generando las primeras ventas te vas a ir dando cuenta de qué es lo que les gustaría recibir de tu parte. Tú concéntrate en seguir mejorando la experiencia y tu prestigio, ya que son claves para mantener tu negocio SIEMPRE a la moda.

Un cliente fiel en moda, más que sólo apreciar la marca, es un cliente que recompra, consume más, te refiere con conocidos y te retroalimenta. ¿No te gustaría tener más clientes así? ¿Tienes novedades qué ofrecerle? ¿Cada cuánto consideras adecuado comunicárselas? ¿Por qué canal? ¿Qué tan probable es que recomiende su experiencia con un conocido?

Reloj de arena
https://www.lauraerre.com/post/reloj-de-arena

MEJORANDO LA EXPERIENCIA

El camino del emprendedor es un cambio constante; nuevos retos, nuevos aprendizajes y nuevas oportunidades nacen y mueren todos los días. Lo importante es seguir mejorando la experiencia de nuestros clientes, no importa qué tanto crezcamos en ventas, no debemos olvidarnos nunca de seguir mejorando la experiencia de los clientes.

Hace un par de meses, llegué a una empresa de muebles y me presenté con el director. Es una empresa que mueve más de dos mil productos al día, nada mal. Primero, le realicé una entrevista diagnóstico en la que detallamos sus capacidades y procesos actuales, para después presentarle una propuesta para migrar a canales digitales parte de su proceso comercial. Me comentó que para tomar la decisión necesitaba primero conocer al resto de su equipo, así que me entrevisté con la persona que manejaba redes sociales y algunas de sus vendedoras. Conforme iba le haciendo las preguntas al director, me iba dando cuenta de que ya vendían a través de muchos canales digitales y físicos, que tenían un crecimiento constante –a pesar de la competencia– y que seguían buscando cómo traer más variedad de producto para satisfacer mayor demanda. Lo que me decía el equipo comercial es que mientras las ventas aumentaban, los clientes requerían información más rápido, y ellos estaban limitados a hacer procesos manuales, desde pedidos, órdenes, entregas, hasta las confirmaciones bancarias. La empresa sigue creciendo en ventas, incluso en número de clientes, pero hace falta mejorar la experiencia de los clientes para que, primero, no se empiecen a ir, y segundo, que nos compren más.

Los servicios de consultoría ayudan a diagnosticar en dónde están nuestros puntos débiles y cómo mejorar para seguir creciendo. Si no nos renovamos cada cierto tiempo, caemos en nuestra zona de confort y seguimos haciendo las cosas como siempre, va a llegar un momento en el que desaparecemos. ¿Se te viene a la mente una empresa transnacional de fotografía que murió hace unos años? Kodak. ¿Qué tal una empresa de celulares? Nokia. Ambas empresas eran de las más conocidas en su industria, y por no reinventarse ambas murieron. Te voy a compartir cómo es que cada año puedes cuidar tu experiencia, y es un ejercicio muy sencillo que ya hemos hecho en capítulos anteriores. ¿Te acuerdas del lienzo de experiencia?

Sigue validando, sigue atento a *insights*. Cuida cada punto de contacto, siempre se puede mejorar. Sigue observando, ahora también en tus propios puntos de venta. Ya estudiaste a tu cliente, ahora síguelo conociendo, y vende. No te olvides de vender. Ponte metas reales y retadoras que te ayuden a seguir creciendo.

TECNOLOGÍA Y MODA

¿Te ha sucedido que ves a alguien conocido, te saluda y no puedes recordar quién era? Igual te pasa unos segundos y después te acuerdas, o a mí me ha sucedido que lo saludo, sigo caminando y, tras un par de horas, me viene a la mente su nombre y de dónde lo conozco, justo cuando ya es demasiado tarde. El servicio tiene mucho que ver con tecnología, aunque no lo parezca. Las personas no podemos memorizar tantas cosas, nombres, procesos, personas. Necesitamos de la tecnología –a lo que sea que nos dediquemos–

para eficientar procesos, optimizar recursos, reducir el número de errores y mejorar nuestra experiencia.

Novedad es lo que tu cliente percibe, e innovación tiene que ver con lo que se prepara de forma interna en la empresa para ser más rentable y generar más valor. Tú puedes innovar a través de herramientas o soluciones tecnológicas, como la impresión 3D, el desarrollo de un textil más funcional o ecológico, realidad aumentada o inteligencia artificial.

Imagina que Sara, una ejecutiva de un banco, quiere un vestido para una fiesta, accede a una aplicación en la que incluye sus preferencias y medidas; a través de algoritmos de inteligencia artificial que miden sus hábitos de consumo y estilo, con base en sus compras anteriores, se arrojan opciones de vestidos. Sara usa un probador virtual de realidad aumentada para ver las opciones, simulando que trae las prendas puestas, y elige su favorita. Una herramienta 3D le realiza los renders de acuerdo con sus medidas, y máquinas de corte y confección la ensamblan. Le llega a Sara a través del servicio de paquetería de su preferencia y luce única en la fiesta.

Hay sistemas robustos que te ayudan a eficientar desde las materias primas, insumos, proveedores, materiales, herramientas, procesos, pedidos, hasta la venta en línea. Las áreas críticas de tu negocio, son los módulos que contienen: inventarios, órdenes, entregas, clientes, producción y administración. Hay sistemas especializados que te ayudan a analizar y organizar información de los clientes, recursos humanos, contabilidad o facturación. Hay sistemas aún más especializados que te ayudan a optimizar recursos, desde los procesos de diseño como patronaje digital, diseño en 3D o vídeos 360°. Cada uno tiene sus ventajas y hay uno ideal para tu negocio de acuerdo con la etapa en la que se encuentra y la complejidad de tus procesos. Te invito a conocer algunas alternativas y analizar si es momento de implementarlas en tu empresa; aunque el primer paso es usar formatos de hojas de cálculo que te ayuden a registrar información, para empezar a analizarla, y ahorrarte tiempo y posibles errores.

Cuando decidas en qué invertir, analiza que te esté ayudando a tomar mejores decisiones para ser más rentable, y que esté mejorando la experiencia de tu musa, sin olvidarte de las personas. Hay personas que nos ayudan a cerrar la venta si les damos toda las herramientas y la información que requieren; las hay que nos ayudan a alimentar los formatos y a llevar a cabo los procesos operativos y administrativos. Hay personas que se involucran en los procesos de desarrollo de producto, la conceptualización de las experiencias y la estrategia. Lo que elijas, habrá que implementarlo buscando que el equipo conozca la función, la oportunidad y el impacto que dicha herramienta o solución traerá a la empresa. La capacitación y el proceso formarán parte de tu modelo X. Y así como medimos datos externos, mide también los resultados de cada implementación.

Hoy en día, para satisfacer nuestras necesidades de forma más personalizada, se rastrean nuestros hábitos de consumo: cómo, cuándo, dónde y por qué compramos. Se analiza el tiempo que te tardas en decidir una compra, los impactos que se requieren hasta realizar la transacción, el ticket promedio por canal de venta y tu recorrido en tienda. Todo lo que es medible, se mide, y tú eres parte de la estadística. Así que es probable que lo que hoy deseas no lo sea por voluntad propia, sino que haya sido infiltrado en ti a través de influencia.

¿PLANES DE EXPORTAR O FRANQUICIAR?

Me parece un poco anticipado si me lo preguntas. Primero debes tener claros los motivos por los que quieres franquiciar o exportar, y determinar si tu interés es motivado por el mercado o el producto. Las franquicias son propiedad de una empresa matriz que da permiso a inversores privados para poner en marcha una tienda o un grupo de tiendas. Requieren un estricto control para garantizar que todas las tiendas ofrezcan la imagen de marca. Exportar es vender productos o servicios producidos en un país a compradores del exterior.

El motivo natural es crecimiento en ventas, aunque debes ser cauteloso en la estrategia. Ana Paula, emprendedora de joyería, empezó vendiendo en algunos eventos en Guadalajara, después a algunos amigos suyos en Mazatlán, empezaron a preguntar y hacer pedidos de algunos locales de por allá, después una conocida en Miami le empezó a pedir algunas piezas para ella, después para sus amigas. Y ahora Ana Pau tiene que pensar en sus oportunidades de crecimiento en México y de exportar a mediano plazo a Estados Unidos. Habrá que definir, primero, si su producto cumple con las normativas y tiene mercado potencial suficiente que amerite la inversión. Esto lo puede investigar en ciertas fuentes de información. Si es que encuentra el producto y el mercado, deberá obtener la clasificación arancelaria correspondiente a su producto. Posteriormente, verificar que no existan marcas registradas idénticas o similares en grado de confusión, protegiendo productos idénticos o relacionados entre sí. Si las marcas ya fueron registradas por alguien más, sería necesario ya sea negociar con el titular una posible cesión de dichas marcas, o comercializar los productos con otra marca en dicho país. En caso de que las marcas se encuentren disponibles para registro, habrá que solicitarlas de inmediato. Todo lo anterior debería realizarse, preferentemente, antes de concretar la primera venta, a fin de evitar dolores de cabeza.

Las normas de etiquetado se encuentran entre las principales regulaciones no arancelarias. Es importante que el exportador conozca las regulaciones específicas de etiquetado que el mercado de destino exige al producto que se pretende comercializar, para que no tenga problemas al momento de ingresar a la aduana; además, es necesario conocerlas antes de realizar algún gasto en la impresión de la etiqueta. Y después, viene toda la planeación logística, que tiene mucho que ver con agentes aduanales y medios de transporte.

Algo que te recomiendo es empezar asistiendo a eventos o ferias en el sitio en el que quieras abrir mercado. Es una oportunidad de vender, de estudiar a la competencia, de buscar nuevos procesos de producción, proveedores, aliados estratégicos, y clientes. También puedes comparar tecnologías, materiales y diseños. Además, es la mejor forma de fortalecer la lealtad de los clientes de la región, y validarla. Date cuenta si el mercado está listo, si tu estrategia de precios es la correcta, cómo se aprecia el producto en sí, y la reacción hacia la marca. Recuerda los ejercicios de validación, lleva algunas preguntas listas y toma nota de todo. Si estás en otro país, abre tu mente a escuchar comentarios y reacciones que normalmente no escucharías, no toques temas de religión, se diplomático, y no esperes cerrar acuerdos en la primera conversación. Hay países en los que las negociaciones pueden tomar años, es importante mantenerte en contacto y dar seguimiento a los compromisos que adquieras. Yo siempre llevo una libreta de negocios a las ferias, expos y eventos. Así anoto los datos de las personas interesadas, el interés en concreto y el compromiso adquirido.

El precio de exportación no siempre es superior al precio de venta en el mercado nacional; dependerá del volumen, de los contratos a largo plazo y de las características específicas del mercado, como por ejemplo: la competencia, el transporte, la distribución y sus canales, los aranceles e impuestos de importación a pagar, etc. Dicho precio de exportación es un elemento estratégico cuyo nivel dependerá de la imagen del producto y de la empresa, del posicionamiento y la aceptación por parte del comprador, y del consumidor final.

Siempre, antes de pensar en franquiciar o exportar, es importante tener un negocio estable y rentable. Tienes mucho qué crecer primero en tu país, en puntos de venta multimarca físicos y virtuales, en tus propios canales como redes sociales y tiendas físicas. Si hay una persona interesada en comprarte una franquicia es porque tú ya tienes más de dos años en el mercado, tienes procesos estandarizados, contratos, marcas registradas, amplia experiencia de tu mercado e industria, y una marca qué explotar.

Otra forma de crecer es a través de licencias. Cuando tienes una marca muy bien posicionada, te pueden buscar empresas de productos o servicios complementarios a los tuyos, que quieran hacer líneas exclusivas con tu marca. Habrá quien quizá esté interesado incluso en asociarse. Esto pasa en algunas ocasiones cuando una marca extranjera compra a una nacional; que primero usan ambas marcas, hasta que hacen el cambio definitivo y se quedan con una sola.

Puedes entonces empezar vendiendo por internet en el país que elijas, para ir midiendo la oportunidad. La estrategia puede ser concesionar la marca, licenciar, asociarte con alguna empresa local, o franquiciar. Hasta lanzar tu primera tienda o cadena de tiendas propias, incluso tener una *flagship store* en la mejor locación de la capital. Como ves, hay varias oportunidades de crecimiento. ¿Recuerdas la frase alrededor de las 5 esferas? Piensa global, actúa local. Lo importante es SIEMPRE tomar acción.

Suena el timbre. Justo a tiempo –pensé–, me acababa de lavar los dientes para regresar a una junta de trabajo. Respondo por el interfón, es la empresa de paquetería que viene a entregar una caja. Salgo a recibirla y firmo mientras intento recordar cuándo fue que pedí algo y qué es. Entonces recuerdo que pedí una playera hace un par de días; me encantó el estampado y en un par de minutos ya había finalizado la compra por internet. Así es que recibo la caja, sobre ella hay una guía pegada con mi nombre y domicilio. Aún tengo unos minutos antes de la junta, así que voy por unas tijeras a mi cocina para abrirla lo más rápido posible. Dentro encuentro otra caja más pequeña con un moño morado. Lo desato, abro cuidadosamente la caja y encuentro una tarjeta con un mensaje. Debajo de la tarjeta, mi playera nueva. ¿Quieres ver qué decía el mensaje?

Nos vemos en mi próximo libro: Las 10Ps de tu Ruta Digital.

Hasta SIEMPRE

Al caminar, uno va dejando huellas que van marcando cada uno de los muchos caminos, estoy segura que tú encontrarás el tuyo. Rescata que cualquiera que sea el tuyo, en cada etapa en la que te detengas a replantear tu ruta, puedes releer algunas de estas historias e ir encontrando nuevos aprendizajes o reflexiones.

No sé si te conté que mi vídeo favorito se llama "Usa bloqueador solar" (en inglés *Wear Sunscreen*). Cada que lo veo y escucho, veo y escucho ciertas cosas con mayor atención. El contenido es el mismo y te invita a disfrutar de cada persona, momento, experiencia, sin preocuparnos demasiado, puesto que cada etapa de la vida es valiosa. Pero el aprendizaje o el mensaje que recibes tiene que ver con aquello a lo que le prestas especial atención. Hoy tu proyecto no es el mismo que será mañana ni tú serás la misma persona. Habrán días peores y mejores, y te recomiendo que no solo midas lo que logras, sino en quién te conviertes. No solo importa lo que haces, sino quién eres. Y el camino que recorrimos juntos durante este libro es de aprendizajes profesionales y personales.

Empezaste conociendo acerca del Sistema Moda, cómo se ve tu cadena de valor y cómo generar riqueza alineando tu pasión, tus metas y tu propósito al centro de las 5 esferas. Si tienes socios, alinearon sus objetivos y descubriste aquellas áreas que quieres fortalecer a través de formación continua. Cerraste diseñando a tu musa, la inspiración para tu estrategia comercial. Fue interesante conocer su opinión que valida tu hipótesis o la replantea. Obtuviste una serie de *insights* que te dieron cierta claridad acerca de las distintas soluciones a su necesidad o deseo. Y para complementar tu propuesta de valor, repasaste los tipos de innovación con ejemplos de marcas globales.

Para superar la expectativa del cliente, diseñaste y mediste la experiencia. Además, estableciste un plan, tu ruta a seguir de forma trimestral y anual. Añadiste a tu planeación los procesos de tu casa a la moda, cuidando reducir el impacto al medio ambiente y tu presupuesto. Definiste costos y precios, planeando ahora una colección viable. Un negocio de moda también debe cuidar su reputación y ADN de marca para ser inolvidable. Diseñaste tu mapa de marca y tu *brief* de comunicación a modo de resumen. También debes cuidar las relaciones con aliados, clientes, prensa y con tu equipo de trabajo.

Las personas no compran productos, compran estilo de vida y comparten experiencias. Tú diseñaste tu moño morado, ese símbolo que conecta con el corazón de tu fan. Y aprendiste a comunicar a través de imágenes y palabras, desde la emoción y no sólo el beneficio funcional. La tecnología será un aliado importante para automatizar procesos y hacerlos eficientes, incluyendo las ventas en línea, que se vuelven un requisito para crecer en la actualidad.

Si algo de lo que encontraste en este libro te motivó a accionar y llevar tu empresa a una siguiente y mejor etapa, me encantaría que lo compartieras con alguien más. Yo cuando emprendí por primera vez cometí varios errores, ya te he platicado algunos. Escribí este libro para compartir parte de la experiencia de estos años trabajando con emprendedores de moda. Cuando yo hablaba de la industria, algunas personas me la describían frívola, elitista y tradicional. Mas todos los que formamos parte de ella, podemos contribuir a desarrollar una industria más humana, inclusiva y digital.

Mi visión es revolucionar la industria de la moda. Estas son algunas herramientas prácticas que he ido encontrando y adaptando en un modelo que ayude a más negocios a ser innovadores, escalables, rentables y sostenibles. Y ahora que llegamos al fin de este libro, te comparto la clave, aquella clave que hace la diferencia entre una marca que nadie recuerda y aquellas que incrementan su valor y posicionamiento. Esta clave ha ayudado a las empresas a seguir en el ranking de las mejores marcas a nivel internacional. Muchos la saben, mas no la practican, otros incluso la olvidan, y muchos otros la convierten en una de sus actividades clave, en su moño morado. La clave es mantener Tu Negocio SIEMPRE a la Moda.

Siempre, en español, significa en todo tiempo o en toda circunstancia. Sinónimo de eternamente, perpetuamente, imperecederamente, constantemente, continuamente, invariablemente. Las mejores frases, para acompañar un "siempre", eligen lo mejor.

"Siempre es el momento adecuado para hacer lo que es correcto"
Martin Luther King

"Aprende como si fueras a vivir para siempre"
Mahatma Gandhi

"Para ser irremplazable, uno debe buscar siempre ser diferente"
Coco Chanel

Mantener un negocio siempre a la moda es elegir lo mejor de cada etapa y recordarle a las personas aquello que estás haciendo mejor que nadie. Se auténtico y no le tengas miedo a reinventarte. Recuerda que tú te encuentras al centro de las cinco esferas, no dejes que tu negocio te controle, tú controla a tu negocio sin perder de vista tu propósito personal y sin dejar de generar riqueza.

¿Recuerdas el acuerdo que firmaste al inicio de este libro? Hoy terminas lo que iniciaste y por eso te reconozco. Comprometiste tus conocimientos, habilidades y tu actitud positiva a crear valor al mundo. Y esa pasión estoy segura que te llevará a lograr grandes cosas. Y yo estoy aquí para apoyarte. Compárteme tu experiencia en *@lauraerremx* y sigamos revolucionando la industria de la moda juntos.

¿Quieres llevar la metodología a tu ciudad o país?

Contáctame: soy@lauraerre.com

Comparte tu experiencia

con la comunidad

#SIEMPREalamoda

Laura Patricia Espinosa Rentería

Mujer apasionada, viajera, perseverante, amante del diseño, el baile y el buen café. Laura Espinosa R. es estratega de marketing y de negocios. Especializada en moda y comercio electrónico. Coordinadora del diplomado de Fashion Marketing del Tec de Monterrey. Actual directora del Grupo BRILA MODA, fundadora de FASHION STARTUP LAB, 1a Incubadora de Negocios de moda en México, y presidente del consejo directivo de FASHION DIGITAL TALKS, congreso internacional de e-commerce, negocios y moda. Miembro de la mesa directiva de Fashion Group International y de Red Incuba. Cofundadora de MIM Maquila Integral de Moda y apasionada por viajar y conocer a gente extraordinaria de todo el mundo.

Con Lic. En Creación y Desarrollo de Empresas por el Tecnológico de Monterrey, Máster en Gestión y Dirección de Empresas de Moda por la Universidad de Barcelona, y Máster en Digital Creative Business por el Instituto Europeo de Diseño. Diplomados en Diseño de Modas, Diseño Gráfico y Marketing Digital. Certificados en Exportación, Compras de Moda por Fashion Retail Academy en Londres, Design Thinking, y Negocios Internacionales por el GMB en Aachen, Alemania.

A través de conferencias y talleres ha impactado a más de 40,000 personas en eventos como: HER Global Innovation Festival (Indonesia), INTERMODA (Guadalajara), Expo Joya, Expo Mueble Internacional, MODAMA, EXINTEX (Puebla), PUNTO EXPO MODA (Zapotlanejo), INC MTY (Monterrey), Talent Land (Guadalajara), Semana Nacional del Emprendedor (Ciudad de México), Campus Party, Global Money Week, Mujeres Emprendiendo (Zacatecas), Factoría, Moda Espacio (Cancún), Campus Fashion Business by Creare (GTO). Ha impartido capacitaciones en empresas como Natura, IOS Offices, CEMEX, AFAMJAL (Asociación de Fabricantes Muebleros de Jalisco), entre otras.

Ha impartido talleres en instituciones como: Tecnológico de Monterrey, Istituto di Moda Burgo, Centro, CITEX (Cámara de la

Industria Textil de Puebla y Tlaxcala), ITESO (Instituto Tecnológico y de Estudios Superiores de Occidente), Universidad Anáhuac de México, CIIND (Centro Internacional de Innovación en Diseño), CDM (Centro de Diseño de Modas), Centro Universitario de Arte, Arquitectura y Diseño (CUAAD) de la Universidad de Guadalajara (UdeG), ÚNICO (Universidad Autónoma de Guadalajara), UVP (Universidad del Valle de Puebla), UMAD (Universidad Madero de Puebla), UVM (Universidad del Valle de México), ALVM (Asociación Latinoamericana de Visual Merchandising), Auge Boga (Honduras), entre otros.

Ha formado parte de Global Shapers Community y Meetroopers, red de comunidades. Funda en 2013 Donatela, organización que promueve la moda circular y en 2015 la comunidad de Fashion Startup para fomentar la vinculación entre distintos miembros del sector, con eventos gratuitos de networking en distintas ciudades del país. Lanza en 2019 el programa Kid's Fashion Startup, para pequeños emprendedores.

https://www.lauraerre.com/bio

GLOSARIO

CAPÍTULO 0

Estilo. Se refiere a la forma particular de expresarse de una persona. En el mundo de la moda, suele referirse a la forma en que una persona se expresa a través de elecciones estéticas de su ropa, accesorios, peinado, así como la forma en que combina dicho conjunto.

Kanban. Aproximación al proceso evolutivo e incremental y al cambio de sistemas para las organizaciones de trabajo.

Moda. Conjunto de prendas de vestir, adornos y complementos que se basan en esos gustos, usos y costumbres, y que se usan durante un período de tiempo determinado.

Musa. Del griego /myōōz, la persona o fuerza personificada que es la fuente de inspiración para el artista creativo.

Tendencia. Patrón que se repite en las personas y por el cual se inclina un cierto grupo social de cualquier ámbito en distintas épocas de la historia.

CAPÍTULO 1: SISTEMA

Cadena de valor. Modelo de negocios que describe el rango completo de actividades necesarias para crear un producto o servicio.

Coworking. Forma de trabajo que posibilita a profesionales independientes, emprendedores y pequeñas empresas de diferentes sectores compartir un mismo espacio de trabajo, tanto físico como virtual, para desarrollar proyectos independientes o conjuntos.

Capital social. Valor de los bienes que posee la empresa y la aportación que realizan los socios.

E-commerce. Comercio electrónico. Transacción de bienes y servicios a través de medios informáticos.

Emprendedor. Quien organiza y conduce alguna tipo de iniciativas organizacionales, con fines de lucro, corriendo cierto margen de riesgo financiero en ello.

Gamification. La gamification (también conocida ludificación) es el proceso de introducir mecánicas y diseño de juego en contextos no lúdicos, por ejemplo, en campañas para un producto determinado.

Intrapreneur. Aquella persona dentro de una organización que se responsabiliza por convertir una idea en un producto terminado, económicamente viable, a través de la toma de riesgos y la innovación.

Organigrama. Representación gráfica de la estructura de una empresa o una institución, en la cual se muestran las relaciones entre sus diferentes partes y la función de cada una de ellas, así como de las personas que trabajan en las mismas.

Pet friendly. Concepto que sirve para definir a aquellos establecimientos en los cuales se permite la entrada de las mascotas y, además, ofrecen a los animales y a sus dueños una serie de valores añadidos que buscan atraer y fidelizar.

Prêt-á-`porter. Expresión francesa que significa textualmente Listo para llevar. Se refiere a las prendas de moda producidas en serie con patrones que se repiten en función de la demanda.

Slogan. Frase publicitaria corta y contundente, que resume el beneficio del producto. Suele acompañar la marca, y puede utilizarse para otros productos de la misma empresa.

CAPÍTULO 2: INNOVACIÓN

Cámara Gesell. Es una habitación acondicionada que permite la observación de personas en el desarrollo de estudios cualitativos. Se conforma de dos espacios independientes separados por un vidrio de visión unilateral, además cuenta con equipo de audio y de video para la grabación de los diferentes experimentos. Se utiliza para observar la conducta de los participantes evitando las alteraciones causadas por la presencia de terceros, obteniendo resultados más fiables.

Cliente potencial. Es aquella persona física o moral que aún no ha adquirido productos o servicios de una empresa, pero bien podría estar dentro de su mercado por sus características sociales, económicas o demográficas. Este tipo de consumidor puede llegar a concretar una compra de los productos o servicios ofertados.

Design thinking. Proceso utilizado para comprender a los usuarios, desafiar suposiciones, redefinir problemas y crear soluciones o estrategias innovadoras. Consiste en cinco fases: empatizar, definir, idear, crear prototipar y probar. Anima a las organizaciones a centrarse en las personas para las que están creando, buscando comprender las necesidades de estas y encontrar soluciones efectivas para satisfacer dichas necesidades, lo que conduce a mejores productos, servicios y procesos internos.

Economía circular. Modelo económico alternativo que busca generar crecimiento y oportunidades económicas y de negocios, con énfasis en los beneficios ambientales y sociales. Esto implica disociar la actividad económica del consumo de recursos finitos y eliminar los residuos del sistema desde el diseño. A través de una transición a fuentes renovables de energía, el modelo circular crea capital económico, natural y social y se basa en tres principios: 1) Eliminar residuos y contaminación desde el diseño; 2) Mantener productos y materiales en uso; y 3) Regenerar sistemas naturales.

Focus group. Técnica utilizada en investigación de mercados cualitativa. Consiste en llevar a cabo una entrevista grupal (preferentemente de entre 6 a 10 participantes) controlada por un moderador. Los participantes se seleccionan en función de un conjunto de criterios predeterminados, como ubicación, edad, nivel socioeconómico, antecedentes, raza y más. Esta técnica de investigación esta diseñada para identificar los sentimientos, percepciones y pensamientos de los consumidores sobre un producto, servicio o algún área o tema de interés en particular. La información recopilada se utiliza para la toma de decisiones de una empresa, marca, producto o servicio.

Insights. Es la capacidad de obtener una comprensión precisa y profunda de alguien o algo. Esto se logra al observar y detectar las motivaciones subyacentes que impulsan a una acción. Dicho descubrimiento, genera una nueva manera de ver un producto, marca o mercado. A su vez, dicha nueva perspectiva conduce a la innovación y el valor.

Investigación cualitativa. Aquella donde se estudia la calidad de las actividades, relaciones, asuntos, medios, materiales o instrumentos en una determinada situación o problema.

Investigación cuantitativa. Implica el uso de herramientas informáticas, estadísticas, y matemáticas para obtener resultados.

Spoiler alert. Advertencia de que un detalle importante del desarrollo de la trama (p. ej. de un libro, una película o un programa de televisión) está a punto de ser revelado.

Status. Posición que una persona ocupa en la sociedad o dentro de un grupo social.

CAPÍTULO 3: EXPECTATIVA

Accurate. Palabra en inglés que significa preciso, exacto o correcto.

Banner. El banner es un formato publicitario que es insertado en una página web. Su objetivo es dar a conocer un producto o servicio al público y atraer tráfico al sitio web del anunciante.

Bot. Es una aplicación de software que está programada para realizar determinadas tareas. Están automatizados, lo que significa que se ejecutan de acuerdo con sus instrucciones sin que un usuario (humano) necesite iniciarlos. A menudo imitan o reemplazan el comportamiento de un humano. Por lo general, realizan tareas repetitivas y pueden hacerlo mucho más rápido que una persona. Algunos de sus usos son: la interacción automática con mensajería instantánea, chats de retransmisión instantánea, interacción dinámica en sitios web, entre otros.

Fitness. Es el estado de salud y bienestar físico y mental que se consigue al llevar una alimentación saludable complementada con ejercicio físico. Es la capacidad de realizar tareas diarias con vigor y energía, sin llegar a fatigarse excesivamente.

Inbox. Bandeja de entrada, puede hacer referencia a un correo electrónico o inclusive a la cuenta de Facebook.

Key Perfomance Indicator. Abreviados como KPI 's, son valores medibles que permiten identificar el rendimiento de una determinada acción o estrategia. Demuestran la eficacia con la que una empresa está logrando los objetivos comerciales clave. Brindan un enfoque para la mejora estratégica y operativa, creando una base analítica para la toma de decisiones y ayudando a enfocar la atención en lo que más importa.

Messenger. Es una app de mensajería móvil gratuita que se utiliza para: mensajería instantánea, compartir fotos, videos, grabaciones de audio y para chats grupales. La aplicación permite comunicarse con amigos de Facebook y con contactos del teléfono.

Moodboard. Guión Inspiracional: herramienta que ayuda a ordenar las ideas en un prototipo previo a la realización del proyecto.

PIB. Producto Interno Bruto: suma del valor de todos los bienes, servicios e inversiones que se producen en el país durante un año.

Quarter. Uno de los cuatro períodos de tiempo en los que se divide un año, conformado de un período de tres meses. Se utiliza especialmente en referencia a transacciones financieras, como el pago de facturas o las ganancias de una empresa.

Renders. Pues bien los renders también llamados perspectivas 3D, son imágenes digitales generadas en computadora, que representan edificaciones, objetos y/o personajes en un mundo tridimensional virtual.

Whatsapp. Aplicación de chat para smartphones que permite el envío de mensajes de texto, fotos y vídeos a través de sus usuarios.

CAPÍTULO 4: MODELO X

Business to business. Se refiere a los modelos de negocio en los que las transacciones de bienes o la prestación de servicios se producen entre dos empresas (particulares o no), por tanto, se relaciona principalmente con el comercio mayorista, aunque también puede referirse a prestación de servicios y consumo de contenidos.

Business to consumer. El business to consumer (B2C), que significa de negocio a consumidor, es un tipo de práctica existente en el ámbito del marketing. Esta, habitualmente, es empleada por firmas comerciales que persiguen llegar de manera directa a un cliente o consumidor final.

Coolhunters. Cazador de Tendencias: profesional de la mercadotecnia y/o publicidad cuya misión es realizar estudios de tendencias vinculadas al consumo de productos o servicios.

Crowdfunding. Micromecenazgo: mecanismo colaborativo que demanda fondos, recursos o donaciones privadas para su posterior utilización en proyectos.

Descarbonización. Se refiere a las acciones que permiten eliminar el consumo de combustibles fósiles que poseen carbono en su estructura molecular, y cuya combustión libera energía, contaminantes –que afectan la salud de las personas y los ecosistemas– y gases de efecto invernadero. Alude al proceso mediante el cual los países u otras entidades tratan de lograr una economía con bajas emisiones de carbono, o mediante el cual las personas tratan de reducir su consumo de carbono.

Early adopters. Persona que comienzan a utilizar un producto o tecnología tan pronto como esté disponible. Tiende a influir a otros posibles adoptantes ya que cuenta con cierto grado "liderazgo intelectual", suelen ser activos en redes sociales y, a menudo, crean reseñas y otros materiales sobre nuevos productos que les gustan o disgustan.

Economía de escala. Modelo empresarial que se emplea en diversas áreas o sectores de la industria, principalmente si la compañía se centra en la producción masiva. El sustento de este modelo recae en que los costes generales de una cadena de producción disminuirán en la medida en que aumente el número de productos o artículos fabricados en cada ciclo. Es decir, los costes se sitúan por debajo de la producción, lo cual supone un aumento de los beneficios.

Fast fashion. Se refiere a la fabricación de ropa de moda a alta velocidad y bajo costo, la cual después es vendida a un bajo precio. Se puede definir como ropa barata y de moda, que muestra ideas de la pasarela o de las celebridades y las convierte en prendas a una velocidad vertiginosa para satisfacer la demanda de los consumidores. La idea es conseguir los estilos más nuevos en el mercado lo más rápido posible, para que los compradores puedan comprarlos mientras aún están en la cima de su popularidad y luego descartarlos después de algunos usos. Forma parte clave del sistema tóxico de sobreproducción y consumo que ha convertido a la moda en uno de los mayores contaminantes del mundo.

Fitting. Nada queda al azar durante un desfile. Por eso, un día o unas horas antes los modelos se prueban aquello que van a lucir sobre la pasarela para que se lo ajusten y se familiaricen un poco con las prendas. Esto es el fitting (del verbo "to fit", que significa quedar bien aplicado a la ropa).

Influencer. Persona que destaca en una red social u otro canal de comunicación y expresa opiniones sobre un tema concreto que ejercen una gran influencia sobre muchas personas que la conocen.

Look. Aspecto exterior, imagen o estilo propio, en especial en el vestir.

Markup. Se refiere al valor que una empresa agrega al costo de un producto. El valor agregado se llama margen de beneficio. El margen de beneficio se refiere a la diferencia entre el precio de venta de un bien o servicio y su costo. En otras palabras, es una cantidad agregada al costo total del bien o servicio, para determinar el precio de venta que proporcione una ganancia a la empresa.

Networking. El networking es una estrategia laboral que consiste en crear una red de contactos profesionales con personas que tienen intereses similares a los nuestros. Esta estrategia te permite crear sinergias y oportunidades laborales o de negocio con personas que tienen aspiraciones similares a las nuestras.

Pricing. Se refiere al proceso de toma de decisiones que implica establecer un valor (precio) para un producto o servicio, que posteriormente pagará el cliente por estos. Hay muchas estrategias diferentes que una empresa puede utilizar al establecer precios. Se debe tomar en cuenta las condiciones de mercado, las acciones de la competencia, los márgenes comerciales y los costos de insumos, entre otros.

Racks. Rack es un término inglés que se emplea para nombrar a la estructura que permite sostener o albergar un dispositivo tecnológico. Se trata de un armazón metálico que, de acuerdo a sus características, sirve para alojar un ordenador, un router u otra clase de equipo.

SKU. Los códigos SKU o Stock Keeping Unit (unidad de mantenimiento en almacén), son códigos únicos, habitualmente compuestos de letras y números, a partir de los cuales se puede identificar a un producto.

Ticket promedio. Es un indicador que refleja la media de ventas por cada cliente de la empresa. Esta métrica se obtiene al dividir el total de ventas entre el número total de clientes en un periodo determinado y permite analizar el comportamiento de los clientes a lo largo del tiempo.

Trazabilidad. Serie de procedimientos que permiten seguir el proceso de evolución de un producto en cada una de sus etapas.

Trendsetter. Persona o cosa que crea, o puede crear, una nueva moda.

Unboxing. Se refiere al acto de sacar un nuevo o nuevos productos de su empaque y examinar sus características. Generalmente se realiza cuando se filma para después ser compartido en un sitio web o redes sociales.

CAPÍTULO 5: POSICIONAMIENTO

Branding. Branding es el trabajo de gestión de marca con el objetivo de hacerla conocida, deseada y con una imagen positiva en la mente y el corazón de los consumidores.

Brief. Documento que contiene las informaciones que serán utilizadas para poder llevar a cabo un proyecto de marketing y publicidad requerido por un cliente.

Commodity. En economía, un commodity se define como un bien tangible que puede comprarse, venderse o intercambiarse por productos de valor similar.

Cobranding. Cobranding es un término utilizado para definir a una alianza estratégica y temporal entre dos o más empresas con el fin de aumentar su rentabilidad y mejorar su posicionamiento gracias a la potencia y valor de marca.

Casting. Es un término que se refiere al proceso de elección de modelos, actores o conductores para un cierto trabajo.

Dibrief. Proceso en el cual se reinterpreta la información entregada en el brief, encontrando inconsistencias o nuevas oportunidades para definir y compartir con el cliente antes de empezar el proceso creativo.

Hashtag. Conjunto de caracteres precedidos por una almohadilla (#) que sirve para identificar o etiquetar un mensaje en las webs de microblogs.

Just do it. Frase utilizada en el eslogan de NIKE, que en español podría traducirse como "Solo hazlo". Se refiere a hacer algo sin pensarlo tanto, ya que muchas veces las personas por miedo al fracaso y el juicio de otras personas, suelen no intentar algo nuevo o abandonar proyectos y metas.

Pop-up store. Una pop up store es una tienda que durante un tiempo determinado se sitúa en un lugar estratégico, ya sea en el centro de las ciudades, en calles transitadas, en centros comerciales con mucha afluencia o incluso en festivales de música.

Press kit. Es un compendio de información acerca de tu negocio o de tu marca. Debe contener información acerca de quién eres, qué servicios o productos ofreces, tu presencia social, estadísticas de tu negocio, comunicados de prensa, logotipos y archivos multimedia. Al reunir toda esta información vital en un solo lugar, hace que sea más fácil para los leads, clientes, socios, periodistas y publicaciones, obtener rápidamente una idea sobre tu negocio y lo que otros piensan de tu marca, producto o servicio.

Teaser. Se le denomina así a la campaña que genera intriga en el público. Su uso es común en pre-lanzamientos, su característica principal es ofrecer información incompleta en torno a un servicio o producto.

Sans serif. Tipo de fuente (letra) que no cuenta con serifa ('Sans' significa 'sin' en francés). Un ejemplo de este tipo de tipografía son Arial y Calibri.

Script. Es un tipo de fuente (letra) que se creó tomando como base los trazos fluidos y variados propios de la escritura a mano. Se caracteriza por su escritura en forma de cursiva a mano.

Serif. Es un tipo de fuente (letra) que se usa en los medios de comunicación tradicionales como los periódicos o los libros. Las tipografías de este tipo tienen detalles adicionales en los bordes de los contornos de las fuentes. Un ejemplo clásico de fuente Serif es Times new Roman.

Statement. Expresión clara y definida de algo, estipulado en forma oral o escrita. Esta suele divulgarse de forma pública u oficialmente, para dar conocer sus intenciones u opiniones, o para registrar hechos.

CAPÍTULO 6: RELACIONES

Back. En un desfiles es el detrás de escena, la parte trasera donde se preparan las y los modelos.

Blogger. Un Blogger es una persona – o un conjunto de personas – que administra un sitio o red social en internet con el objetivo de entretener, informar o vender.

Clipping. Artículos o recortes de prensa en los que una empresa determinada ha aparecido en forma de noticia.

Coffee Break. Término que se emplea para designar al breve descanso en eventos empresariales, cursos, seminarios, congresos o entre ponencia y ponencia, que se aprovecha para descansar, tomar algo e ingerir algunos alimentos ligeros. Además, sirve como tiempo para realizar networking.

CRM. Sistema de software que ayuda a gestionar todas las relaciones e interacciones de una empresa con clientes y clientes potenciales. Su objetivo es mejorar las relaciones comerciales para hacer crecer el negocio. Esta tecnología ayuda a las empresas a mantenerse conectadas con los clientes, optimizar los procesos, mejorar la experiencia y servicio al cliente, así como la rentabilidad.

Excel. Es un programa de software creado por Microsoft que usa hojas de cálculo para organizar números y datos con fórmulas y funciones. Es útil para el análisis y la documentación de datos, ya que al organizar la información, permite que esta sea más fácil de encontrar y extraer información automáticamente de los datos cambiantes.

Forum. Es un lugar físico o virtual a través de Internet, o a través de una charla que se emplea para reunirse, intercambiar ideas y opiniones sobre diversos temas de interés común.

Give away. Se define como un premio o regalo que las marcas conceden al ganador de un concurso realizado generalmente en redes sociales, y través del cual las marcas buscan la consecución de una meta u objetivo específico. Las metas pueden ser de lucro o no, es decir se puede ir desde buscar conseguir más seguidores, más interacción, atraer tráfico, aumentar las ventas, entre otros.

Ipad. Es la tableta ofertada por la marca Apple. Este dispositivo de pantalla táctil se encuentra categorizado como un intermedio entre los teléfonos inteligentes y las computadoras portátiles.

Likes. Es una característica incorporada en redes sociales y otras plataformas online, que permiten al usuario dar un feedback positivo a cualquier tipo de contenido, y de esta forma conectar con aquello que les interesa.

Lookbook. Colección de fotografías compiladas para mostrar una modelo, fotógrafo, estilo, estilista o línea de ropa.

Pitch. El Pitch es el formato más utilizado por los emprendedores para presentar su idea o proyecto, tanto a un inversionista como a los posibles clientes, proveedores o socios. La presentación debe ser rápida, ya que en pocos minutos se debe convencer al oyente que el proyecto tiene potencial y justifica ser considerado o analizado.

Posts. Es todo aquel contenido que se publica de forma más o menos periódica en un blog o red social. Este puede ser de carácter corporativo o meramente por ocio; pero siempre tiene como meta arrojar información o reflejar una idea.

Presidium. Lugar donde se ubican las personas y autoridades que revisten de formalidad a un evento o acto institucional.

Shooting. Un shooting es una sesión de fotos para mostrar los productos de una marca.

Showroom. Se trata de eventos en lugares concretos, donde vendedores de diferentes marcas y sectores exponen sus productos más novedosos de forma exclusiva, a fin de dar a conocer sus productos a nuevos clientes.

Speaker. Es aquella persona que tiene la elocuencia y la capacidad de hablar delante de una audiencia para educar, persuadir, generar confianza y contar una historia.

USB. Hace referencia a un protocolo de conexión que permite enlazar diversos periféricos a un dispositivo electrónico, para el intercambio de datos, el desarrollo de operaciones y, en algunos casos, la carga de la batería del dispositivo o dispositivos conectados.

Visual Merchandising. Estrategia que se utiliza para la presentación de los productos, trabajando en la estética del punto de venta, con el objetivo de captar la atención y atraer a los clientes.

CAPITULO 7: EXPERIENCIA 360º

BTL. La publicidad BTL, en inglés Below the Line, que en español se traduce como (A Bajo de la Linea), se caracteriza por ser empleada en formas no masivas de comunicación y por su gran dosis de sorpresa, creatividad, estrategia e impacto social que esta produce al tener contacto con las personas.

Flagship store. Es la tienda principal o más representativa de una marca, esta cuenta con un diseño y decoración únicos, así como con una amplia gama de productos y artículos exclusivos. Están siempre situadas en las calles más emblemáticas y comerciales de las grandes ciudades. Su trabajo es ofrecer una experiencia de compra única que haga que el usuario se sienta más unido a la firma, es por eso que esto que suelen convertirse en un destino que la gente quiera visitar.

E-book. Término utilizado para referirse a un libro o documento electrónico. Estos pueden pueden contener texto, audio, vídeo, hipervínculos, entre otros. Su formato permite su lectura en diferentes dispositivos electrónicos, cómo lo son la computadora o el celular.

E-learning. El término e-Learning lo podemos entender como procesos de enseñanza-aprendizaje a través de Internet.

Marketplace. Mercado en Línea: tipo de sitio web de comercio electrónico en el que la información sobre productos o servicios es proporcionada por múltiples terceros.

Monomarca. Tipo de tienda en donde se ofrecen productos de una sola marca. De esta manera, este tipo de establecimientos reflejan el estilo y esencia de la marca, no solo a través de los productos, sino también por medio del diseño, mobiliario y demás elementos que lo conformen.

Multimarca. Almacenes los cuales se especializan en vender y ofrecer en el mercado físico productos de diversas marcas y diseñadores, es decir crean un espacio en el cual le brindan la oportunidad a otras marcas y diseñadores de dar a conocer sus productos y ofrecerlos dentro de mercados específicos.

Outfit. Palabra del inglés que funciona como sustantivo, y que puede emplearse para referirse a la vestimenta o conjunto de atuendos de una persona.

Ranking. Es una lista en la cual se postulan personas o elementos que comparten algo en común y a las cuales se les adjudica una posición determinada, que irá de un lugar de extrema superioridad a otros menores, primer lugar, segundo lugar, tercer lugar, y así sucesivamente.

Stock. Conjunto de mercancías o productos que se tienen almacenados en espera de su venta o comercialización.

REFERENCIAS

Brown, S. (2010). Eco Fashion. Laurence King.

Doerr, J. (2018). Measure What Matters: How Google, Bono, and the Gates Foundation Rock the World with OKRs. Portafolio.

Fashion Digital Talks, https://www.fashiondigitaltalks.com/

Fashion Startup Lab, https://www.fashionstartup.mx/fashionstartuplab

Fashion Snoops, http://www.fashionsnoops.com/

IMPI, https://www.gob.mx/impi

Intermoda, https://intermoda.com.mx/

Kotler, P. (2008). Fundamentos de Marketing (8ª ed.). Pearson.

MIM Maquila Integral de Moda, https://www.instagram.com/maquilaimoda/

Osterwalder, A., Pigneur, Y. & Clarck, T. Tu modelo de Negocio (L. Vázquez, trad.). DEUSTO.

Osterwalder, A., Pigneur, Y., Smith, A., Bernarda, G. & Papadakos, P. (2015). Diseñando la Propuesta de Valor. DEUSTO.

Posner, H. (2016). Marketing de Moda. Editorial Gustavo Gili.

Première Vision, https://www.premierevision.com/en/

Sinek, S. (2017). Encuentra tu porqué: Una guía práctica para encontrar un propósito en el trabajo. Empresa Activa.

Revella, A. (2015). Buyer Personas. WILEY.

Roam, D. (2008). The back of the napkin. Portafolio.

Roberts, K. (2011). Lovemarks: the Future Beyond Brands. Empresa Activa.

Roberge, M. (2015). Fórmula de aceleración de ventas. Wiley.

Robbins, A. (2019). Controle su destino: despertando al gigante que lleva dentro (J. M. Palomares, trad.). DEBOLSILLO. (Originalmente publicado en 1991).

WGSN, https://www.wgsn.com/es/

Made in the USA
Las Vegas, NV
20 February 2024

86007220R00118